समकालीन नवगीत का विकास

डॉ. राजेश सिंह

वाणी प्रकाशन

वाणी प्रकाशन

'लोगो' वाणी प्रकाशन : मक़बूल फ़िदा हुसेन

वाणी प्रकाशन, 4695, 21-ए, दरियागंज, नयी दिल्ली-110002
वाणी प्रकाशन, अशोक राजपथ (पटना कॉलेज के सामने), पटना (बिहार)

SAMKALEEN NAVGEET KA VIKAS

by Dr. Rajesh Singh
Criticism

ISBN : 978-93-5000-462-3

संस्करण : 1997, 2010

मूल्य : 275/-

वाणी प्रकाशन

फोन : 0091#11#23273167, फोन व फैक्स 23275710

वेबसाइट : www.vaniprakashan.in

ई-मेल : vaniprakashan@gmail.com

आर.टेक ऑफसेट द्वारा दिल्ली-110095 में मुद्रित

अनुक्रम

1

नवगीत का उद्भव और विकास

नवगीत का उद्भव और विकास

गीत मनुष्य की एक स्वाभाविक अभिव्यक्ति का नाम है। आदिम अवस्था में भी अत्यन्त प्रसन्नता में मनुष्य के हृदय में गीत अवश्य निकले होंगे। उल्लास और वेदना दोनों ही मनुष्य के मुख से अभिव्यक्त भाषा में परिवर्तन कर देते हैं। इन दोनों दशाओं में मनुष्य की भाषा असामान्य शब्दों से रंजित होकर लयात्मक हो उठती है। रोना और गाना दोनों ही मनुष्य की स्वाभाविक प्रवृत्तियाँ हैं। गीत सहज ढंग से गाए गए होंगे और बाद में क्रमशः वे राग-रागनियों और छन्दों के साँचे में ढलते चले गए होंगे। राग-रागनियों से सज्जित गान को संगीत कहा गया है और छन्द-बद्ध गेय रचनाओं को गीत। इस दृष्टि से भारत में गीत का प्रारम्भ ऋग्वेद के मन्त्रों से ही ढूँढ़ा जाता है। वैदिक काल में गीत काव्य की दृष्टि से विविधता थी—स्तुतिगीत, अभिचारगीत, गोचारणगीत आदि कई रूप थे।

संस्कृत में भी गीत काव्य की परम्परा विकसित हुई। गीता नामक रचनाएँ इसी गीत परम्परा का बोध कराती हैं। जयदेव का गीतगोविन्द अपने सही अर्थ में गीत के शिल्प पर निर्मित हुआ है। उसके गीतों में भावों का उत्कर्ष, गेयता और प्रभाव की अन्विति पूर्ण रूप से विद्यमान है। आगे चलकर अपभ्रंश में बज्रयानी सिद्धों के पदों में भी गीतकाव्य का एक स्वरूप हमें प्राप्त होता है।

आधुनिक भारतीय भाषाओं में मध्यकाल में गीत काव्य की पर्याप्त रचना हुई। हिन्दी में कबीर की सबदी, सूरदास और तुलसीदास के पदों में गीत का भी स्वरूप हमें प्राप्त होता है। सूरदास ने विनय और भक्ति के पदों में जिस कातरता और आत्मनिवेदन का रूप प्रस्तुत किया है वह हिन्दी साहित्य में अपने ढंग का बेजोड़ है। कबीरदास की सबदी और तुलसीदास की विनयपत्रिका, गीतावली और कृष्णगीतावली में भी गीत काव्य के श्रेष्ठ स्वरूप का दर्शन होता है।

आधुनिक काल के प्रारम्भ में भारतेन्दु हरिश्चन्द्र से ही खड़ी बोली के गीतों का युग प्रारम्भ हो जाता है। भारतेन्दु ने अपने नाटकों में देश-भक्ति प्रधान गीतों की योजना की, जिनका उत्तरोत्तर विकास खड़ी बोली कविता के आगामी चरणों में होता गया। द्विवेदी युग में मैथिलीशरण गुप्त और मुकुटधर पान्डेय ने आधुनिक प्रगति शैली की प्रभूत रचनाएँ लिखीं। गुप्त जी की 'यशोधरा' में ऐसी रचनाएँ पर्याप्त मात्रा में है। इस युग के प्रमुख कवि माखनलाल चतुर्वेदी ने भी प्रेम, प्रकृति और राष्ट्रीयता से सम्बन्धित पर्याप्त मात्रा में गीतों की रचना की।

यहाँ यह ध्यातव्य है कि पुराने कवियों के पद प्राचीन भारतीय परम्परा के गीत काव्य के अन्तर्गत आते हैं किन्तु जो गीत द्विवेदी युग के कवियों ने लिखने प्रारम्भ किए और जिसका चरमोत्कर्ष छायावादी कवियों के गीतों में देखा गया, वे अंग्रेजी के प्रगीतों के अनुकरण पर लिखे गए। छायावाद युग तो इस प्रकार के गीतों का खजाना ही था। जयशंकर प्रसाद, सुमित्रानन्दन पन्त, सूर्यकान्त त्रिपाठी निराला, महादेवी वर्मा और रामकुमार वर्मा इस काल के प्रमुख गीतकार थे। इनके गीतों में वे सभी तत्व विद्यमान हैं जो पश्चिमी काव्य शास्त्र के प्रगीत के लिए आवश्यक माने गए थे–(1) आत्माभिव्यंजन (2) भावोत्कर्ष की चरमता (3) गेयता (4) संक्षिप्तता (5) भावों की केन्द्रीभूत अन्विति। इन गीतों में भाषा बड़ी कोमल और तरल थी। मधुर वर्णों से युक्त शब्दों का प्रयोग जयदेव के 'ललित लवंगलता परिशीलन शीतल मन्द समीरे' की शैली में किया गया। इनमें व्यक्तिगत अथवा प्रकृतिप्रेम को लक्ष्य करके भावधारा प्रवाहित हुई और प्रतीकों एवं मूर्त के लिए अमूर्त विधान के माध्यम से चित्रमयी छायाभासी शैली में भावनाओं की अभिव्यक्ति हुई। सच पूछा जाए तो छायावादी गीतों का ही परिष्कृत, परिमार्जित और विकसित रूप ही नवगीत है।

पारम्परिक गीत और नवगीत

जैसा ऊपर कहा गया है कि नवगीत पारम्परिक गीतों से ही विकसित नव्यकाव्य की एक विधा है। इसके अनुरूप ही हमें इस बात का विचार करना होगा कि फिर पुराने गीत और नवगीत में विकास की विभाजक-रेखा कौन सी है तथा पुराने गीतों से नवगीत किन विशेषताओं और संदर्भों के कारण भिन्न है। नवगीत के अधिकांश आलोचक इस बात पर लगभग सहमत दीख पड़ते हैं कि नवगीत का प्रारम्भिक अंकुरण सूर्यकान्त त्रिपाठी 'निराला' के उत्तरवर्ती गीतों में हो गया था। इस दृष्टि से डॉ. शंभुनाथ सिंह का मत है कि नवगीत की विकास-प्रक्रिया का प्रारम्भ तो भारतेन्दु से ही हो गया था पर उसका वास्तविक प्रारम्भ निराला की कविताओं से माना जाना चाहिए। वे लिखते हैं–

"नवगीत भारतेन्दु युग से चली आती उस गीत परम्परा की संज्ञा है जो

प्रारम्भ से ही लोक-जीवन से संयुक्त थी और युगीन बोध से उत्तरोत्तर परिपुष्ट होती रही। छायावाद-युग में भक्तिकालीन पद-गीत का स्थान स्वच्छन्दतावादी गीत शैली ने ले लिया जो अंग्रेजी के रोमांटिक कवियों–वर्ड्सवर्थ, शेली, कीट्स, बायरन आदि के गीतों से अनुप्रेरित थी। इस शैली के गीतों का लोक-जीवन की यथार्थ स्थितियों से कोई सरोकार नहीं था। छायावादी गीत बहुपठित समाज की मानसिकतावाले तथा भारतीय पुनर्जागरण की प्रवृत्तियों से प्रभावित शिष्टवर्गीय कवियों की देन थे।"[1]

छायावाद युग के प्रारम्भ में गीतकाव्य का नया उन्मेष हुआ। उसमें मध्यकालीन भक्ति और शृंगारपरक काव्यों की उपेक्षा स्वच्छन्दता प्रेमभावना, प्रकृति प्रेम, नई भाषा और शिल्प की भंगिमा थी। प्रारम्भ में इसकी ओर झुकाव भी काफी हुआ, पर कालान्तर में एक घिसी-पिटी लीक पर छायावादी गीत चलकर बासी हो गया। यथार्थ जीवन से कटकर वायवी उड़ान और अतिरंजित कल्पना के कारण भी उसके प्रति नापसन्दगी बढ़ती गई। नतीजतन छायावाद से पृथक स्वच्छन्द प्रेमपरक गीतों की सर्जना का आग्रह लेकर हरिवंशराय 'बच्चन', नरेन्द्र शर्मा, भगवतीचरण वर्मा, रामेश्वर शुक्ल 'अंचल', आदि युवा कवियों को आगे आना पड़ा। इनकी एक खास विशेषता थी कि इनके गीतों की भाषा आम आदमी के व्यवहार की आम भाषा थी। "उन्होंने अतिशय कल्पनाशीलता और आदर्शवाद के स्थान पर व्यक्तिगत जीवन की यथार्थ स्थितियों, वैयक्तिक आशा-निराशा, और वेदना तथा स्थूल सौन्दर्यानुभूति एवं प्रेम-भावना को गीतों के माध्यम से व्यक्त करना प्रारम्भ किया। इस तरह यह उत्तर-छायावादी गीतों की तुलना में नवीनता और ताजगी से युक्त था।"[2]

गीतधारा की एक तीसरी बलवती प्रवृत्ति राष्ट्रीय गीतों की भी थी। "इनके साथ ही भारतीय राष्ट्रीय चेतना एवं स्वातन्त्र्य संग्राम की प्रेरणा से राष्ट्रीय काव्य की एक वेगवती धारा फूट पड़ी, जिसे माखनलाल चतुर्वेदी, बालकृष्ण शर्मा 'नवीन', सोहनलाल द्विवेदी, रामधारी सिंह 'दिनकर' आदि कवियों ने तीव्र गति से आगे बढ़ाया। इस तरह व्यक्तिवादी स्वच्छन्दतावाद, प्रगतिवाद-प्रयोगवाद और राष्ट्रीयतावाद की नवीन प्रवृत्तियों के विकास और प्रसार के कारण छायावादी काव्यधारा क्षीण होती गई और सन् 1940 के बाद उसका वेग अत्यन्त शिथिल हो गया।"[3]

इसी क्रम में डॉ. सिंह वास्तविक नई कविता और नवगीत के जनक के रूप में 'निराला' की तर्कपूर्ण प्रतिष्ठा करते हैं।

नई कविता के गीत

इस तरह की कविता के नाम–नई कविता–का उद्घोष भले ही सन् 1950 के आसपास किया गया हो किन्तु इसका प्रारम्भ छायावाद युग में ही सूर्यकान्त त्रिपाठी 'निराला' द्वारा हो गया था। सन् 1935 में ही 'निराला' ने 'मुक्त छन्द' में वह

'तोड़ती पत्थर' शीर्षक कविता लिखी, जो नई कविता की भंगिमा से युक्त है। 'बेला' और 'नए पत्ते' शीर्षक काव्य संकलनों में उनकी मुक्त छन्द की और छन्दोबद्ध कई रचनाएँ नई कविता की सीमा में आने के योग्य हैं। सन् 1942-43 में लिखित उनकी निम्नलिखित चतुर्दशपदी स्वातन्त्रोत्तर नई कविता जैसी ही है–

जलाशय के किनारे कुहरा थी,
हाँ नीले पत्तों का घेरा था
पानी पर आम की डाल आई हुई,
गहरे अँधेरे का डेरा था,
किनारे सुनसान थे, जुगून के,
दल दमके यहाँ-वहाँ चमके
बन का परिमल लिये मलय बहा,
नारियल के पेड़ हिले क्रम से,
ताड़ खड़े ताक रहे थे सबको,
पपीहा पुकार रहा था छिपा,
स्यार विचरते थे आराम से,
लहरें उठती थीं सरोवर में,
तारा चमकता था अन्तर में।

इसी तरह 1940 में लिखित उनका निम्नलिखित गीत तो छायावादी है और न पारम्परिक गीत–

मैं अकेला
    देखता हूँ, आ रही,
        मेरे दिवस की सान्ध्य बेला।
पके आधे बाल मेरे
हुए निष्प्रभ गाल मेरे
चाल मेरी मन्द होती जा रही,
    हट रहा मेला।
जानता हूँ नदी, नद झरने
जो मुझे थे पार करने,
कर चुका हूँ, हँस रहा यह देख,
    कोई नहीं भेला।

यह गीत वस्तुतः नई कविता का गीत अथवा नवगीत ही है। सच पूछा जाए तो स्वातन्त्रोत्तर कविता की दोनों काव्य–प्रवृत्तियों–नई कविता और नवगीत–के

प्रथम उन्नायक महाकवि निराला ही थे। यदि परम्परागत भाषा, घिसे-पिटे छन्दों और भावों के प्रति विद्रोह करके आम जनता की भाषा में बिम्बों और प्रतीकों के माध्यम से यथार्थ जीवन की कटु-तिक्त अनुभूतियों और मानवीय दशाओं की अभिव्यक्ति को नवगीत की मौलिक पहचान मान लिया जाए तो नवगीत का प्रारम्भ सन् 1920-21 में ही हो गया था, जब 'निराला' ने 'मातृ-वन्दना' (1920) 'शेष' (1921) आदि गीत लिखे थे। प्रारम्भ में उनके ऐसे गीतों की भाषा छायावादी भाषा से अधिक भिन्न नहीं थी, किन्तु बाद में वे बोल-चाल की सहज भाषा में गीतों की रचना करने लगे। 'गीतिका' (1934) में उनके कई गीत ऐसे हैं जिनमें कवि की तटस्थ दृष्टि और सामाजिक यथार्थ की पूर्ण अभिव्यक्ति हुई है। 'गीतिका' और 'अनामिका' में ऐसे भी कई गीत हैं, जिनमें कवि की तटस्थ जीवन-दृष्टि और आध्यात्मिक संस्पर्श का संश्लेषण हुआ है। ऐसे गीतों को पूर्ण नवगीत नहीं कहा जा सकता, किन्तु उनके बाद संग्रहों में जो नए ढंग के गीत हैं उनमें शुद्ध लौकिक और मानवीय अनुभूतियों की अभिव्यक्ति हुई है। इस तरह के सबसे अधिक गीत 'बेला' (1943) में है। उन गीतों के सम्बन्ध में कवि ने स्वयं भूमिका में लिखा है—"प्रायः सभी तरह के गेय गीत इसमें हैं। भाषा सरल और मुहावरेदार है। गद्य करने की आवश्यकता नहीं। इसमें बहरों में अधिकांश गीत लिखे गए हैं, जिससे उनमें नई गति और ताजगी आ गई है।" किन्तु सरलता और सादगी के भीतर भी कवि ने जिन अनुभूतियों की अभिव्यक्ति की है, वे अछूती हैं। 'बेला' का एक गीत अजनबीपन की भावना की अभिव्यक्ति करने के कारण आधुनिक अस्तित्ववादी प्रवृत्ति का परिचायक है—

> बाहर मैं कर दिया गया हूँ !
> भीतर पर भर दिया गया हूँ !
> ऊपर वह बर्फ गली है,
> नीचे यह नदी चली है,
> सख्त तने पर नर्म कली है।
> इसी तरह हर दिया गया हूँ।

किन्तु 'बेला' के सभी गीत छायावादी—अस्तित्ववादी नहीं हैं। कुछ गीतों में सहज और मोहक दृश्यों का चित्रण किया गया है तो कुछ में सामाजिक अव्यवस्था और वैषम्य पर गहरा व्यंग्य है। 'अरे गंगा के किनारे' शीर्षक गीत सुन्दर 'लैण्डस्केप' चित्रण है तो 'भीख माँगता है वहाँ यहाँ पर' शीर्षक गीत गहरा मनोवैज्ञानिक चित्र उपस्थित करता है।[4]

उपर्युक्त लम्बे उद्धरण के द्वारा डॉ. शंभुनाथ सिंह ने इस मन्तव्य को प्रकट करना चाहा है कि वे गीत में नएपन का प्रारम्भ तो भारतेन्दु से मानते हैं किन्तु

जिसे आजकल नवगीत कहा जाता है उसके प्रारम्भकर्ता के रूप में उन्होंने निराला को तर्कपूर्वक मान्यता दी है। इस मत की पुष्टि अन्य गीतकारों ने भी की है। गीतकार रमेश रंजक ने निराला के गीत 'बाँधो न नाव इस ठाँव बन्धु' (रचनाकाल 1950) के सम्बन्ध में लिखा है कि "इस गीत में आँचलिक बिम्बतात्मकता अपनी परिवेशगत विशिष्टता के साथ जितनी जीवन्त है, उतनी ही प्रेम की मर्यादित स्वच्छन्दता भी। यही कारण है कि प्रेमपरक नवगीतों के प्रस्थान बिन्दु के रूप में इस गीत को व्यापक समर्थन मिला। प्रेमपरक नवगीतों के विकास में उपर्युक्त गीत नवगीत की गंगोत्री के रूप में स्वीकार किया गया है।"[5] इसी मन्तव्य को स्थापित करते हुए श्री देवेन्द्र शर्मा 'इन्द्र' ने लिखा है—"वस्तुतः 'गीतिका' के प्रकाशन के साथ ही नवगीत के उद्भव का पूर्वाभास होने लगा था। आगे चलकर 'अर्चना, 'आराधना', 'गीत गुंज' और 'सान्ध्य काकली' के शताधिक गीतों में वे सभी प्रवृत्तियाँ और शिल्प प्रविधियाँ उभरकर आईं, जिनका चरम विकास हम आज के नवगीत में देख सकते हैं।[6]

40 से 50 के दशक के बीच छायावादोत्तर गीतों में एक तरह वायवीपन के स्थान पर यथार्थ जीवन के प्रेम की अभिव्यक्ति हुई और एक नवीन ताजगी भी आई किन्तु यह स्थिति कुछ गिने-चुने श्रेष्ठ गीतकारों तक सीमित थी। धीरे-धीरे इसमें सस्ती भावुकता और रूमानी प्रवृत्तियों की इतनी अधिकता हो गई कि ये गीत बड़े सतही और बाजारू हो गए। इन गीतों में और सिनेमा के सस्ते प्रेमपरक गीतों में प्रायः कोई अन्तर नहीं रह गया। कई अच्छे गीतकार तो सिनेमा जगत में फिल्मी गीतों के लेखक भी बनकर चले गए। आलोचकों ने इन गीतों की विशेषता को 'लिजलिजी' भावुकता कहकर प्रकट किया है। नवगीत के संदर्भ में इसी व्यक्तिवादी-स्वच्छन्दवादी गीतधारा को पारम्परिक गीतधारा कहा गया है।

'निराला' ने पूर्व परम्परा से प्राप्त गीत शिल्प से हटकर अपने गीतों की रचना प्रारम्भ की थी और आखिरी चरण के उनके गीत भाषा और शिल्प दोनों दृष्टियों से नवगीत कहे जाने योग्य है। यद्यपि आज जिन विशेषताओं के कारण हम जिन रचनाओं को नवगीत कहते हैं वे समस्त रचनाएँ निराला में नहीं मिलती हैं और ऐसा होना शायद सम्भव भी नहीं था।[7]

इस प्रकार हम देखते हैं कि पारम्परिक गीत की एकमात्र विशेषता है सीधी सपाट और मन को छू लेनेवाली 'लिजलिजी' भावुकता। इसी के अनुरूप उनकी भाषा, शृंगार-व्यंजना, कोमल शब्दों से युक्त होती है और अधिकतर ऐसी कविताएँ अब कवि सम्मेलनी मंचों पर सुन्दर कंठ से गाए जाने के कारण सामान्य जन के मनोरंजन के साधन के रूप में रह गई हैं। नए युग की जटिलता, भाषा की संकेतधर्मिता, बिम्बात्मकता और नए प्रतीकों, नए उपमानों को लेकर चलनेवाली नई कविता के सामने ये पारम्परिक गीत बेमानी और बासी हो गए थे। इस

पारम्परिक गीतों में बाजारूपन और बासीपन का अस्वीकार ही नवगीत का प्रस्थान बिन्दु हैं।

वास्तव में जिस नवगीत का उत्स निराला से ढूँढ़ा जाता है उसे गति देने का प्रारम्भिक कार्य नई कविता के सप्तकीय कवियों ने ही किया। ऐसे कवियों में रामविलास शर्मा, गिरिजा कुमार माथुर, 'अज्ञेय' तथा सप्तकेतर कवियों में रांगेय राघव, केदारनाथ अग्रवाल, शिवमंगल सिंह 'सुमन', नागार्जुन और त्रिलोचन के नाम लिए जा सकते हैं। नई कविता के डॉ. धर्मवीर भारती, सर्वेश्वर दयाल सक्सेना, कुँवरनारायण, केदारनाथ सिंह और नरेश मेहता ने भी पारम्परिक गीतों को नकारते हुए नए ढंग के गीत लिखे।

वस्तुतः पारम्परिक गीतों से नवगीत का अन्तर तात्विक दृष्टि से उन्हीं बिन्दुओं पर है जिन बिन्दुओं पर पारम्परिक कविता और नई कविता का अन्तर है। इस सम्बन्ध में डॉ0 शंभुनाथ सिंह जी के विचार ध्यातव्य है—"वस्तुतः नई कविता और नवगीत में कोई मौलिक अन्तर नहीं है। दोनों का स्थूल अन्तर केवल इतना ही है कि नई कविता मुक्तछन्द में या छन्द-मुक्त रूप में लिखी जाती है और 'नवगीत' छन्दोबद्ध होता है। नई कविता की भाँति नवगीत भी अपनी भाषागत विशिष्टता, भावगत आधुनिकता, प्रतीकात्मक और सांकेतिक बिम्ब-योजना आदि के कारण पूर्ववर्ती छायावादी, प्रगतिवादी और प्रयोगवादी कविताओं से तथा छायावादोत्तर काल के सस्ते रूमानी गीतों से भिन्न दिखाई पड़ता है। इस पर आधुनिकता की गहरी छाप है।[8]

नवगीत और उनकी विशेषताएँ

नवगीत शब्द का लिखित रूप में सर्वप्रथम प्रयोग श्री राजेन्द्र प्रसाद सिंह ने 1958 ई. में गीतों के संकलन 'गीतांगिनी' में अपनी भूमिका में इस रूप में किया था—"इसमें गीत-परम्परा 'नवगीत' के निकाय में परिणति पाने को सचेष्ट है।" यद्यपि प्रयोग में यह शब्द इसके पूर्व भी आ चुका था, जैसा डॉ. शंभुनाथ सिंह का कहना है—"किसी एक व्यक्ति ने न तो नई कविता का नामकरण किया, न नवगीत का। नई कविता के कवियों-समीक्षकों का जो प्रथम सम्मेलन इलाहाबाद में 'परिमल' द्वारा आयोजित किया था, उसी में प्रथम बार नई कविता शब्द का प्रयोग बार-बार हुआ। इन पंक्तियों का लेखक उस आयोजन में उपस्थित था। उस अवसर पर जो काव्य गोष्ठी आयोजित हुई थी उसमें मैंने 'पुरवैया धीरे बहो' शीर्षक गीत सुनाया था। गीत को सुनाने के पूर्व मैंने कहा था कि अन्य साथियों ने नई कविताएँ सुनाई हैं, मैं एक नवगीत सुनाने जा रहा हूँ। इस तरह बिना किसी विचार-विमर्श और प्रस्ताव-घोषणा के नई कविता के मंच पर ही पहले-पहल नवगीत शब्द का प्रयोग सहज रूप से प्रारम्भ हो गया।[9]

वैसे यह बहस बेमानी है कि 'नवगीत' शब्द का प्रयोग गीत की आधुनिक विधा के लिए सर्वप्रथम किसने किया था। आज 'नवगीत' एक प्रतिष्ठित काव्य-विधा बन चुका है, जो अपने रचनात्मक शिल्प और तात्विक भाव-बोध के कारण अपनी अलग पहचान बन चुका है।

परिभाषा

'नवगीत' विधा का वास्तविक भाव-बोध उसकी विशेषताओं से ही होता है फिर भी संक्षेप में 'नवगीत' को भी परिभाषित करने की चेष्टा की गई है। श्री देवेन्द्र शर्मा 'इन्द्र' ने इसके सम्बन्ध में लिखा है 'नवगीत' हिन्दी कविता का वह अधुनातम प्रारूप है जिसमें संवेदना, वैचारिकता, सम्बोध और ताजातरीन शिल्प-प्रविधियों का समाहार समाविष्ट है।[10] अपने मन्तव्य का विस्तार करते हुए उन्होंने आगे लिखा है–'नवगीत' न तो दैनन्दिन घटना-दुर्घटनाओं का छन्दोबद्ध पुनरालेख है, न सियासत के आगे-पीछे पूँछ हिलानेवाला 'वीथी-शूद्र' है और न ही वह अपने चतुर्दिक-व्याप्त भूख-प्यास, बीमारी, बेरोजगारी के विरुद्ध पुंसत्व-विहीन आक्रोश का प्रतिध्वनन है। प्रकृति और संस्कृति के प्रति निष्ठावान होकर भी वह हर प्रकार के शोषण, दमन और विकृति के प्रत्याख्यान का प्रामाणिक दस्तावेज है। अपने बिम्बधर्मी-शिल्प-तन्त्र का आविष्कार उसने स्वयं ही किया है। आज भी उसकी रचना-प्रक्रिया कदाचित् अव्याख्यायित है।"[11]

नवगीतकार गुलाब सिंह ने इसकी परिभाषा करते हुए लिखा है, "नवगीत आधुनिक जीवन की संवेदनाओं से जुड़ी अनुभूतियों की छान्दसिक अभिव्यक्ति है।"[12] नवगीत की रचना-प्रक्रिया के सम्बन्ध में उनका कहना है, "नवगीत की रचना प्रक्रिया में, संवेदना की सघनता, एक संयमित वैचारिकता से दोलित होकर, अनुभूति की धुरी पर तेजी से घूमती हुई, एक ऐसे लयात्मक वृत्त का निर्माण करती है, जिसमें भावात्मक ऊर्जा और सम्प्रेषण की त्वरा होती है। अभिव्यक्ति और अर्थ-विस्तार के हर सम्भव स्वरूप के बाद लयात्मक वृत्त का घुमाव स्थिर हो जाता है।" डॉ. उमाशंकर तिवारी ने कहा है, "नई कविता के शिल्प से भिन्न छन्द-प्रसंग से जुड़ी यथार्थ-बोध की कविता को 'नवगीत' का नाम दिया गया है।"[13] उमाकान्त मालवीय ने इस सम्बन्ध में लिखा है–"हमारी आज की मानसिकता, सामाजिक परिवेश-व्यक्तित्व का दोगलापन, भूख, गरीबी, व्यंग्य-विपर्यय की स्थिति आदि 'नवगीत' का कथ्य बन सकता है और इस मुद्दे पर गीत की युगों पुरानी परिभाषा जो अब अपर्याप्त हो गई है, आड़े आती है।"[14] श्री राजेन्द्र गौतम ने नवगीत के सम्बन्ध में लिखा है–"'नवगीत' नवता और गीतत्व का संश्लिष्ट रूप है। नवता उसके युगानुरूप परिवर्तन की परिचायक विशेषता है। गीत उसका मूल काव्यरूप है।"[15]

डॉ. शंभुनाथ सिंह 'नवगीत' को 'बिम्बधर्मी काव्य' मानते हैं। वास्तव में डॉ. सिंह ने नवगीत दशक भाग दो की भूमिका में 'नवगीत' की नौ विशेषताओं को इंगित किया है जिसमें एक-एक विशेषता के आधार पर उसे अलग-अलग परिभाषित किया है–

1. नवगीत स्वतन्त्रता-प्राप्ति के बाद के तीन दशकों में विकसित वह नवीन काव्यधारा है, जो एक ओर तो पारम्परिक गीत-धारा से नितान्त भिन्न है, दूसरी ओर समसामयिक नई कविता से, कथ्य और शिल्प दोनों स्तरों पर, पूरी तरह अलग हटी हुई है।

2. नवगीत आधुनिकतावादी कविता है, किन्तु वह आधुनिकता को सार्वभौम और सार्वकालिक नहीं बल्कि देशकाल-सापेक्ष मानता है।

3. नवगीत भारत की आत्मा को प्रतिबिम्बित करनेवाली कविता है।

4. नवगीत लोकधर्मी और लोकाश्रमी कविता है।

5. नवगीत इस अर्थ में भी भारतीय कविता है कि वह अपने देश की जमीन और सामान्य जनता से जुड़ा है।

6. नवगीत की विशिष्टता कला के चतुर्थ आयाम की धारदार और तीखी अभिव्यक्ति है।

7. नवगीत पूर्णतः बिम्बधर्मी काव्य है।

8. नवगीत अनुशासित लयात्मकता और नाद योजना को भारतीय काव्य परम्परा के महत्तमदाय के रूप में स्वीकार करता है।

9. नवगीत की भाषिक संरचना अपनी सहजता, सुबोधता, अकृत्रिमता और लोकोन्मुखता के कारण नई कविता की, अभिजात संस्कारोंवाली, भाषा तथा पारम्परिक गीतों की गलदश्रु भावुकतावाली काव्यभाषा से नितान्त भिन्न और विशिष्ट है।[16]

नवगीत की विशेषताएँ

किसी भी काव्य विधा अथवा काव्यधारा को थोड़े शब्दों में परिभाषित करके उसके स्वरूप को आयत्त कर देना एक कठिन कार्य होता है। अतः उस विधा की अलग-अलग विशेषताओं का विचार आवश्यक होता है। ऐसी समस्त विशेषताएँ मिलकर उसके समस्त स्वरूप को उजागर करती हैं। नवगीत के सम्बन्ध में भी यह बात पूर्णतया सत्य है। इस सम्बन्ध में विभिन्न नवगीतकारों ने अपने-अपने ढंग से इन विशेषताओं का निरूपण किया है। नवगीत के अधुना समीक्षकों ने भी कुछ इसी प्रकार से अपनी-अपनी रुचि के अनुसार नवगीत की विशेषताओं को प्रकाशित किया है। पन्द्रह, सोलह सितम्बर 1986 में वाराणसी में नवगीतकारों का एक सम्मेलन हुआ जिसे 'नवगीत अर्द्धशती समारोह' कहा गया। उस अवसर पर

आज के उन्नीस प्रतिष्ठित नवगीतकारों ने एक घोषणा पत्र स्वीकृत किया, जिसमें नवगीत का सत्रह विशेषताओं को लक्षित किया गया है। यहाँ उन्हीं विशेषताओं को प्रस्तुत करना समीचीन होगा।[17]

1. छान्दसिकता और लयात्मकता जो गेयता से समन्वित हो–गीतविधा का प्रमुख बाह्य तत्व लयात्मकता है। यों तो समस्त छन्दोबद्ध कविता गाई जा सकती है, पर गीत-काव्य का तो स्वरूप ही स्वर ताल-बद्ध राग-पद्धति पर निर्मित होता है। नवगीत भी भारतीय गीत काव्य परम्परा की ही अन्तिम कड़ी है। पुराने छन्दों के आधार पर ही नहीं लय और नए स्वर की योजना हो सकती है। समर्थ कवि ही ऐसा कर सकता है। छन्द और लय की यह नवता कवि और जनमानस के बीच बातचीत की स्थिति उत्पन्न करती है।

2. संवेदनधर्मिता या संस्पर्श शक्ति–नवगीत की पहली शर्त संवदेनधर्मिता या संस्पर्शशीलता है। अच्छी कविता संवेदनशील व्यक्ति को अपनी ओर आकृष्ट करके उसे बाँध लेती है। इसी को अभिभूत करना कहते हैं। नवगीत में पाठक या श्रोता को तत्काल अभिभूत करने की क्षमता होती है। नवगीत के प्रसंग में इतना ध्यातव्य है कि उत्कृष्ट नवगीत की प्रारम्भिक पंक्तियाँ श्रोता या पाठक को इस तरह खींच लेती है कि वह अन्त तक पहुँचते-पहुँचते कविता में डूब जाता है, उससे भर उठता है या अभिभूत हो उठता है।

3. ग्राह्यता और स्मरणीयता–अच्छी कविता की एक विशेष पहचान यह है पूरी कविता को पढ़ने या सुनते ही मन उसके प्रति इतना आकृष्ट होता है कि उसके कथ्य को तत्काल ग्रहण कर लेता है और उसकी कुछ पंक्तियाँ बिना प्रयास के तत्काल याद हो जाती हैं। जिस रचना में यह गुण नहीं है, वह अवर कोटि की कविता है। नवगीत में यह विशेषता भरपूर मात्रा में वर्तमान है। किन्तु इसका यह अर्थ नहीं कि जिस किसी तथाकथित कविता को किन्हीं असाहित्यिक कारणों से श्रोता-पाठक ग्रहण कर लें या उसकी कुछ पंक्तियाँ याद कर लें वह उत्कृष्ट कविता हो जाएगी। इस तर्काभास से नवगीत के इस प्रतिमान को खंडित नहीं किया जा सकता।

4. सम्प्रेषणीयता–काव्यगत सम्प्रेषणीयता का अर्थ सपाट बयानी अथवा अभिधात्मकता नहीं है। काव्यगत सम्प्रेषणीयता की शक्ति कविता की ऋतुजा और सहजता के कारण उत्पन्न होती है। ऋतुजा जाहिलता का और सहजता वक्रता का विलोम शब्द है। नवगीत ऐसी ही अद्भुत बानी अर्थात साधारणता में असाधारण, सहजता में गम्भीर और ऋतुजा में गुरुत्व से युक्त काव्य है। ऐसा होने के कारण ही वह नवगीत है।

5. बिम्बधर्मिता या चित्रात्मकता–बिम्ब ही काव्य की आत्मा है। बिम्ब-योजना को ही पुराने आचार्यों ने विभावन-व्यापार कहा है। नवगीत की गेयता और उसमें

प्रयुक्त बिम्बों की दृश्यता दोनों मिलकर नवगीत को दृश्य-श्रव्य कला का रूप दे देती हैं। नवगीत का समस्त सौन्दर्य और आकर्षण उसमें प्रयुक्त बिम्बों की ही देन है। जिस गीत में परिश्रमपूर्वक कृत्रिम और हास्यास्पद बिम्बों की योजना दिखाई पड़े उसे नवगीत की श्रेणी में नहीं रखा जा सकता। वस्तुतः कवि के भीतर अर्थाभास बिम्बों के रूप में ही कौंधता है।

6. अनलंकृति और सादगी–नवगीत न तो विचाराभिव्यक्ति है न रसात्मक भावाभिव्यक्ति, न तो रोमानी अनुभूतियों की अभिव्यक्ति है और न ही नई कविता जैसी मात्र संवेदनात्मक अभिव्यक्ति। अतिशय अंलकृति जादू का खेल है यानि हाथ की सफाई। उसका तो ऋतुजा और सादगी का मार्ग है। नवगीत का कथ्य सीधी-सादी जनभाषा में ही अभिव्यक्त हो सकता है। अलंकृत भाषा में वह अँट नहीं सकता। उसकी सादगी सांकेतिकता और ध्वन्यात्मकता का प्राधान्य है। सादगी का सौन्दर्य ही नवगीत का सौन्दर्य है।

7. खुलापन अर्थात् स्वायत्तता या अप्रतिबद्धता–नवगीत खुली कविता है, उस पर किसी प्रकार के बाह्यरोपित सिद्धान्तों, वादों या दलगत नीतियों का दबाव नहीं है न वह काल्पनिक आदर्शों और काव्येत्तर मूल्यों से अनुशासित है।

8. लोक-सम्पृक्ति और जन के प्रति संसक्ति–नवगीत लोक से सम्पृक्त और जन-जीवन की ऊर्जा से ऊर्जस्वित काव्य है। उत्कृष्ट नवगीत में लोक के किसी न किसी अछूते और अजानेपक्ष की उद्‌घाटन लोकसंस्कृति की आत्मीय स्वीकृति और जन-जीवन की समस्याओं की सही पहचान की अभिव्यक्ति अवश्य होनी चाहिए। लोक और जन के प्रति कवि की यही सम्पृक्ति नवगीत की ऊर्जा है।

9. भारतीयता की चेतना और जातीय बोध–नवगीत ही सही मायने में भारतीय कविता है। भारत की आत्मा की पहचान और उसके प्रति गहरी निष्ठा की अभिव्यक्ति ही नवगीत की पहचान है। भारतीय मानव समाज की इकाई व्यक्ति नहीं 'घर' है। घर के माध्यम से ही भारतीय समाज और संस्कृति को जाना जा सकता है। अतः घर को जानना और मानना ही भारतीयता की चेतना और जातीय बोध है। नवगीत में इस 'घर' को प्रतिष्ठा मिली है। जब तक नवगीत घर से जुड़ा रहेगा वह अनिवार्यतः भारतीयता और जातीयता से भी जुड़ा रहेगा।

10. यथार्थ-प्रसंग, विसंगतियों के दर्द और सामाजिक पीड़ा की अभिव्यक्ति–नवगीत यथार्थोन्मुख काव्य है। नवगीत ललकार, उद्‌बोधन और उपदेश का काव्य नहीं है, वह दर्द की तस्वीर उकेरकर उसे दर्द भोगनेवाले की आँखों के सामने रख देने में ही अपनी सिद्धि मानता है। वह मानवीय दुख का आईना है।

11. जीवन के केन्द्र में मानव की प्रतिष्ठा–नवगीत मानव को जीवन केन्द्र में प्रतिष्ठित करता है। उसकी अवधारणा है कि सृष्टि में जो कुछ है वह मानव के लिए है। वह मानव को महानाश की भट्ठी में झोंके जाने का विरोधी है। इस

तरह मानव को भय, अभाव और अन्याय से मुक्त करना ही नवगीतकार का महत्तम उद्देश्य है। उसकी रचनाधर्मिता ऐसे ही मानव को समर्पित है। इस महत्त्वाकांक्षा की अभिव्यक्ति-नवगीत में अधिकाधिक हो रही है।

12. भारतीय ढंग का आधुनिकताबोध–नवगीत के लिए आधुनिकताबोध एक अनिवार्य शर्त है। वहीं सभी प्रकार की पुरानी सड़ी-गली सामाजिक और धार्मिक रूढ़ियों के प्रत्यक्ष-अप्रत्यक्ष प्रभावों से मुक्त काव्य है, जिसमें वैज्ञानिक और बौद्धिक जीवन-दृष्टि प्रेरणा-स्रोत के रूप में निहित है, किन्तु आधुनिकता का अर्थ वह पाश्चात्य पूँजीवादी-साम्राज्यवादी देशों में जन्मा आधुनिकतावाद नहीं मानता। पश्चिम में विकसित प्रविधि को हम अपनी आवश्यकता के अनुरूप अपने ढंग से विकसित कर सकते हैं, अपने देश की प्राचीन परम्परा के अनुरूप नगरों का विकास कर सकते हैं, औद्योगिक बस्तियाँ नगरों से दूर बसा सकते हैं, भवनों का भारतीय शैली में निर्माण कर सकते हैं, भारतीय परिवेश के अनुकूल उद्योग-धन्धों का विकास कर सकते हैं। साहित्य और कला का रूप अपनी परम्परा के मेल में रखते हुए आधुनिक बना सकते हैं।

13. ऐतिहासिक और सांस्कृतिक चेतना–नवगीत की मूल चेतना सांस्कृतिक है। भारतीयता का अर्थ है भारतीय संस्कृति की परम्परा में आस्था, भारतीय इतिहास के विकास-क्रम की सही जानकारी, प्राचीन इतिहास के गौरव-चिह्नों के प्रति अनुराग, भारतीय जन की भाषा, गीत-नृत्य, उत्सव, त्यौहार आदि से सम्यक् परिचय। नवगीत में इनका भरपूर चित्रण हुआ है। फलतः नवगीत किसी भी कोण से विदेशों से आयातित और अनुकृत काव्य नहीं है। वह मुकम्मल भारतीय कविता है।

14. परम्परा के भीतर से जनमी नवता–नवगीत की मूल वृत्ति नवता की है। यदि किसी गीत में पारम्परिक गीत की तुलना में नवीनता और ताजगी नहीं है तो वह नवगीत नहीं है।

15. सौन्दर्य, प्रेम और मानवीय भाव की स्वीकृति–सौन्दर्य के प्रति आकर्षण, प्रेमानुभूति और मानव संस्कार में निहित मनोदशाएँ नवगीत के कथ्य का अनिवार्य अंग है, किन्तु नवगीत इन्हें मनोरंजन या मानसिक विकृति का साधन नहीं मानता जैसा पूर्ववर्ती अनेक युगों में माना जाता था।

16. जीवन्तता और गत्यात्मकता–नवगीत जीवन और गत्यात्मक काव्य विधा है। वह काव्य के रूप में गतिशील जन-जीवन ही है। छठे दशक के आंचलित गीतों, सातवें दशक के नगरबोधवाले गीतों का स्थान अब आम आदमी के दुःख-दर्द के गीतों ने लिया है। यह जीवन्तता नवगीत को हर दशक में नवता प्रदान करती रहेगी, वह कभी पुराना गीत नहीं बनेगा। क्योंकि जन की ऊर्जा उसे तरोताजा बनाती रहेगी, नवता प्रदान करती रहेगी।

17. आम आदमी की कविता–नवगीत का उद्भव ही आम आदमी की

कविता के रूप में हुआ था। जिस नवगीतकार ने आम आदमी के दुख-दर्द को आत्मसात नहीं किया है वह सही मायने में नवगीतकार नहीं है। जो नवगीत आदमी की भाषा और मुहावरों में लिखा गया है, वही आम आदमी के पास तक पहुँच भी सकता है। आम आदमी तक पहुँचना ही नवगीत का लक्ष्य है।

उपर्युक्त विशेषताओं को गौर से देखने पर यह प्रतीत होगा कि इनमें से कई विशेषताएँ एक ही शीर्षक में अन्तर्मुक्त की जा सकती हैं जैसे संवेदनधर्मिता या संस्पर्श शक्ति के साथ ग्राह्यता और स्मरणीयता, सम्प्रेषणीयता को एक ही विशेषता के अन्तर्गत समाविष्ट किया जा सकता है। इसी प्रकार यदि खुलापन से तात्पर्य बाहरी सिद्धान्तों और काव्येत्तर मूल्यों से अनुशासित न होना ही है तो इसे भारतीय चेतना शीर्षक के अन्तर्गत ले जाने में कोई हानि नहीं है। ऐतिहासिक और सांस्कृतिक चेतना पूर्णतया भारतीयता की चेतना के अर्थ का ही विस्तार है। इसी प्रकार भारतीय ढंग का आधुनिकताबोध और परम्परा के भीतर जन्मी नवता भी एक ही चीज है। यदि इस ढंग से इन विशेषताओं को नियोजित किया जाए तो इन्हें सत्रह के स्थान पर बारह शीर्षकों में ही नियोजित किया जा सकता था।

राजेन्द्र गौतम ने नवगीत की इन्हीं विशेषताओं को कुछ भिन्न शब्दावली में निम्नलिखित ढंग से परिगणित किया है—(1) यथार्थ बोध (2) आधुनिकतापरक दृष्टि (3) समष्टि-उन्मुखता (4) वस्तु परकता एवं वैयक्तिकता का समन्वय (5) प्रकृति प्रेम एवं सौन्दर्य के प्रति नवीन दृष्टि (6) समृद्ध सांस्कृतिक चेतना (7) जातीय अस्मिता के प्रति सजगता-भाव (8) शोषण एवं अन्याय-जन्य स्थितियों के प्रति आक्रोश, व्यंग्य एवं करुणा की अभिव्यक्ति (9) बिम्ब-प्रधान अभिव्यंजना-शिल्प (10) मौलिकता सम्पन्न अप्रस्तुत विधान (11) अभिनव गीतिशिल्प। जैसा कि हम पहले ही स्पष्ट कर चुके हैं, उपर्युक्त प्रवृत्तियों में से कई ऐसी प्रवृत्तियाँ हो सकती हैं, जो अन्य काव्यधाराओं में भी उपलब्ध हों, परन्तु नवगीत में उनका जो अभिनिवेश है, वह अन्य काव्य धाराओं से सर्वथा भिन्न है।[18]

नवगीत के विकास के चरण

डॉ. शंभुनाथ सिंह ने नवगीत के विकास को चार चरणों में विभक्त किया है—

1. प्रथम चरण (1935 से 1950 तक) इसे उद्भवकाल कहा जा सकता है। वस्तुतः इस काल में नवगीत नाम भी प्रचलन में नहीं था, पर जिन प्रवृत्तियों ने आगे चलकर नवगीत की प्रतिष्ठा में योगदान किया, उनका प्रारम्भ इस काल में हो गया था। यह प्रवृत्ति-उन्मेष उसी प्रकार का है, जिस प्रकार छायावाद की प्रवृत्तियों का उन्मेष द्विवेदी युग में ही आचार्य रामचन्द्र शुक्ल ने मैथिलीशरण गुप्त और मुकुटधर पांडेय की रचनाओं में माना था।

2. द्वितीय चरण (1951 से 1960 तक) इसे नवगीत का विकासकाल कहा

जा सकता है। इस काल में अपने विविध आयामों का नवगीत ने विकास किया। पारम्परिक गीत से नवगीत अपनी शिल्पगत और भावगत वैशिष्ट्य के साथ प्रकट हुआ और उसने अपनी अलग पहचान बना ली। इसी चरण में 'नवगीत' को इस नाम की अभिधा प्राप्त हुई।

3. तृतीय चरण (1961 से 1970 तक) इस काल को संघर्ष-काल कहा जा सकता है। इस काल में अप्रासंगित होती जा रही नई कविता के ध्वजवाहकों ने एक ओर नवगीत को स्वतन्त्र विधान मानकर इसे 'नई कविता' ही कहकर इसके स्वतन्त्र अस्तित्व को नकारना शुरू किया और दूसरी ओर 'नवगीत' को पुराने गीत की कड़ी में प्रतिपादित करते हुए आधुनिकता के नाम पर उसे कविता ही कहने से इनकार करना चाहा। पर इस नवीन विधा के रचनाकारों ने व्यक्तिशः और संगठित होकर इनका उत्तर दिया। साथ ही अपनी रचनात्मक कृतियों के द्वारा नवगीत की प्रतिष्ठा के लिए संघर्ष किया।

4. चतुर्थ चरण (1971 से अब तक) इस काल को उत्कर्षकाल कहा जा सकता है। इस कालावधि में 'नवगीत' अपने सैद्धान्तिक धरातल को निश्चित करके भारतीयता और आधुनिकता के युगबन्ध को लेकर अग्रसर होता है और बहुत से नवगीतकारों के गीत-संग्रह प्रकाश में आते हैं। 'नवगीतदशक' 1, 2, 3, तथा 'नवगीत अर्द्धशती' जैसे प्रतिनिधि संकलन भी आते हैं। नवगीत पर गोष्ठियाँ, विचार-विमर्श होते हैं और आधुनिक काव्य की मुख्यधारा के रूप में प्रतिष्ठा प्राप्त होती है।

उद्भवकालीन नवगीत

नवगीत के उद्भव की प्रवृत्तियों की सीमा-रेखा डॉ. शंभुनाथ सिंह ने जो 1935 ई. से प्रारम्भ हुई प्रतिपादित की है और इस नवीनता की उद्भावना के लिए उन्होंने दो नाम लिया है—निराला और माखनलाल चतुर्वेदी। वस्तुतः माखनलाल जी ने तो 1930 ई. में लिखी अपनी सुप्रसिद्ध रचना 'कैदी और कोकिला' में ही कविता और गीत की परम्परित विषयवस्तु से पृथक यथार्थ की भूमि पर व्यंग्य से परिपुष्ट गीत की भूमिका डाल दी थी। कुछ पंक्तियाँ देखिए—

> क्या ? देख न सकती जंजीरों का गहना ?
> हथकड़ियाँ क्यों ? यह ब्रिटिशराज का गहना,
> X X X X
> हूँ मोट खींचता लगा पेट पर जूआ,
> खाली करता हूँ ब्रिटिश अकड़ का कूआँ।
> दिन में करुणा क्यों जगे रुलानेवाली ?
> इसलिए रात में गजबढ़ा रही आली ?

इस शान्त समय में,
अन्धकार को बेध रो रही क्यों हो ?
कोकिल बोलो तो !
चुपचाप मधुर विद्रोह-बीज
इस भाँति बो रही क्यों हो ?
कोकिल बोलो तो।[19]

इस गीत में छायावादी वस्तुविषय से भिन्न एक स्वातन्त्र्य सेनानी का भोगा हुआ यथार्थ है जो जीवन भंगिमा से प्रकट हुआ है। दो पदों पर ध्यान देने से यह बात स्पष्ट हो जाएगी–

1. खाली करता हूँ ब्रिटिश राज का कूँआ।
2. चुप-चाप मधुर बिद्रोह-बीज, इस भाँति बो रही हो क्यों ?

परम्परा से हटकर सामाजिक यथार्थ और समसामयिक आन्दोलन के भी भावप्रवण रचनात्मक गीत लिखे जा सकते हैं, इस दिशा में माखनलाल जी की भूमिका अग्रगण्य है।

1956 ई. में बापू के जन्मदिन पर उन्होंने एक गीत 'हर बरस बरस दिन आता है' शीर्षक से लिखा और समसामयिक सन्दर्भों पर इस प्रकार के कई गीत उन्होंने लिखे जिनमें भाषा यथार्थ के खुरदरेपन के साथ आम आदमी की भाषा है और अनलंकृति सीधी सादी अभिव्यंजना के साथ दूरगामी व्यंग्य की अभिव्यक्ति भी इनमें है–

वे उजड़ गईं कुंजे, सेवाग्रामों की सूखी पहचाने,
हम आ जाते हैं कुटिया तक अब भी कुछ जाने बे जाने।
अब तो मरने की यादों की तीरथ है केवल राजघाट।
तकली, चरखा, हरिजन, हिन्दी, छूटा भ्रम झूठा ठाट बाट,
हम राजा हैं, हम रानी हैं, दुखियों के मरने की खबरें,
पाते, वक्तव्य छपाते हैं, व्याकुल होता है राजघाट।
अब तप के लिए विनोवा है,
अपने तो पद है सेवा है।[20]

'निराला' तो छायावाद की स्तम्भ-त्रयी के ऐसे केन्द्रीय आधार हैं जिन्होंने प्रारम्भ से ही गीत को पकड़ा था। 'नई कविता' को भी भाषा से लेकर मुक्त वृत्त तक की जमीन दी और नव्य गीतों को प्रवाह भी दिया। उनके 'गीतिका' के गीतों के साथ ही 'अर्चना', 'आराधना', 'गीतगुँज' और 'सान्ध्यकालीन' के गीतों में ही नवगीत की जमीन तैयार हो गई थी जिसे नवगीत के अधिकांश रचनाकार-समीक्षक स्वीकार करते हैं। 'बेला' और 'नए पत्ते' में भी इस प्रकार के प्रयोग हैं। उनका

50 ई. का गीत 'बाँधो ना नाव इस ठाँव, बन्धु।' तो पूरी-पूरी क्षमता के साथ नवगीत कहलाने का अधिकारी है। इसीलिए 'नवगीत अर्द्धशती' संग्रह में इसे संकलित भी किया गया है।[21] रमेश रंजक की इस गीत पर टिप्पणी बड़ी बेबाक और सार्थक है–

"इस गीत में आंचलिक बिम्बता अपनी परिवेशगत विशिष्टता के साथ जीवन्त है, उनकी ही प्रेम की मर्यादित स्वच्छन्दता भी। यही कारण है कि उपर्युक्त गीत नवगीत की गंगोत्री के रूप में स्वीकार किया गया।"[22]

'नवगीत' की पाठिका के निर्माण में 'निराला' के साथ छायावाद के दूसरे प्रमुख कवि सुमित्रानन्दन 'पन्त' का भी सराहनीय योगदान स्वीकार किया जाता है। 'ग्राम्या' के गीतों ने छायावादी गीतों की कड़ी को आगे बढ़ाया था और उसे लोक-धरातल प्रदान किया था। लोक-गन्ध 'नवगीत' की प्रमुख विशेषता है। 'वस्तुतः नवगीत ही नहीं बल्कि नई कविता की समूची प्राकृतिक गरिमा को सुमित्रानन्दन 'पन्त' का ऋणी होना चाहिए क्योंकि पन्त के 'लैंडस्केप' हिन्दी कविता को बहुत दूर तक प्रभावित करते रहे हैं। इसलिए नवगीत में प्रकृति चित्रण के श्रेय के अधिकारी 'पन्त' ही ठहरते हैं।[23]

इस चरण में 'नवगीत' को उसका भावी आकार प्रदान करने में दिशान्तर प्रकट करनेवालों में प्रगतिवादी-प्रयोगवादी कवियों का भी योगदान इस रूप में मानना उचित है कि उन्होंने परम्परा से चले आ रहे प्रेम सम्बन्धी कथ्य और गेय गीत शिल्प को नवीन भंगिमा प्रदान की। छायावादी गीतों से अलग ढंग के गीतों की शुरुआत सप्तकीय कवियों में अज्ञेय, रामविलास शर्मा और गिरिजा कुमार माथुर ने अपने 'तारुसप्तक' में संकलित गीतों से ही कर दिया था। सप्तकेतर कवियों में रांगेय राघव, केदारनाथ अग्रवाल, शिवमंगल सिंह 'सुमन', नागार्जुन और त्रिलोचन ने भी इस काल में कुछ नए ढंग से गीत लिखे।[24] किसी भी काव्यधारा को प्रभावित करनेवाले कारकों का विचार करते समय किसी खेमेबन्दी का पूर्वाग्रह उचित नहीं है। अतः ये कवि अपने को 'नई कविता के गीतकार' मानते थे या अपने को 'विशिष्ट सिद्ध करने के लिए' उन्होंने प्रयोगधर्मी गीत लिखे, यह कहने का भी कोई महत्त्व नहीं है। महत्त्व इस बात का है कि उनके नए प्रयोगों ने परवर्ती नवगीत की दिशा को क्या दिया और कितना प्रभावित किया। इस दृष्टि से उनके प्रभाव को स्वीकार किया ही जाता है। "अज्ञेय, गिरिजाकुमार माथुर, केदारनाथ अग्रवाल आदि ने अपने प्रयोगधर्मी गीतों को 'नई कविता का गीत' कहना शुरू कर दिया था। अपने को विशिष्ट और अलग सिद्ध करने के लिए उन्हें इस क्षेत्र में भी कुछ न कुछ प्रयोग करना ही था, वरना उन्हें नवगीत से कुछ लेना देना नहीं था। फिर भी उनके प्रभाव को नकारा नहीं जा सकता।"[25]

ऊपर राष्ट्रीय काव्यधारा के प्रमुख कवि माखनलाल चतुर्वेदी के नए ढंग के

गीतों की चर्चा हुई है। उसी दिशा में बालकृष्ण शर्मा 'नवीन', रामधारी सिंह 'दिनकर' आदि ने भी जनसम्पृक्ति के नए आह्वान-गीतों का सृजन करके आगे की दिशा में संकेत दिया था। 'नवीन' की 1955 की रचना 'भरत खंड के तुम हे जनगण' में भारतीयता के उस स्वाभिमान को जागृत किया गया है, जो आगे चलकर नवगीत का एक वैचारिक आधार बनता है। उनके '30 से' 55 तक के आह्वान गीतों में यह भावना बराबर मिलती है। भारतीयता के स्वाभिमान बोध को जागृत करता हुआ कवि कहता है–

'अहंकार, मस्तिष्क, बुद्धि, मन, यह भवरूप और अभ्यन्तर-
कला, काव्य, इतिहास, पुरातन, ललित कलित कोमल गायन स्वर-
तत्व-लक्ष्य, एकान्त साधना, दर्शन, चिन्तन-मनन निरन्तर-
यह प्रपूर्ण सम्पत्ति तुम्हारी है, भारत की माटी का धन;
भरत खंड के हे तुम जन-गण।'[26]

इसी प्रकार की भावनाएँ सहज भाषा में दिनकर ने भी अपने आह्वान गीतों में प्रकट की हैं। मानवतावादी जीवन-दर्शन को राष्ट्रवादी दिनकर ने 'कुरूक्षेत्र' में ही प्रस्थापित कर दिया था–

स्नेह बलिदान होंगे माप नरता के एक
धरती मनुष्य की बनेगी स्वर्ग प्रीति से।

अपने परवर्ती काव्यों में भी यही स्वर मुखरित है जिसमें राष्ट्रीयता और मानवता साथ-साथ है। नए कवियों की छद्म मानवतावादी अन्तर्राष्ट्रीय चिन्ता के वायवी खोखलेपन से पृथक अपनी धारा को चलानेवाले इन राष्ट्रीयधारा के कवियों ने उस जमीन का निर्माण किया था जिस पर 'नवगीत' को राष्ट्रीयता, भारतीयता, मानवतावाद और जनपीड़ा का आधार मिला। 1950 ई. के गणतन्त्र दिवस पर दिनकर ने लिखा–

'सदियों की ठंडी बुझी राख सुगबुगा उठी, मिट्टी सोने का ताज
पहन इठलाती है।
दो राह, समय के रथ का घर्घर नाद सुनो, सिंहासन खाली करो
कि जनता आती है।
जनता ? हाँ, मिट्टी की अबोध मूरतें वही, जाड़े पाले की कसक
सदा सहनेवाली,
जब अंग-अंग में लगे साँप हों चूस रहे, तब भी न कही मुँह खोल
दर्द कहनेवाली।'[27]

'दिनकर' के उपर्युक्त उद्धरण में जनाकांक्षा को आकार देने के साथ कवि ने कई अछूते और टटके बिम्बों का भी सृजन किया है जो आयातित न होकर इसी जमीन की उपज हैं। 'मिट्टी सोने का ताज पहन', 'मिट्टी की अबोध मूरतें' और 'अंग-अंग लगे साँप चूस रहें' परिचित दृश्यों के बिम्ब हैं जो इतनी सहज लाक्षणिकता में कवि की वाणी को अधिक सार्थक बना देते हैं। राष्ट्रीयधारा के कवियों ने यत्र-तत्र नई भंगिमा और परम्परा से हटकर नए शिल्प में अपने गीतों को प्रस्तुत किया।

उद्भवकालीन नवगीतों की कड़ी में निराला से लेकर दिनकर-नवीन और माथुर, अज्ञेय, रामविलास तक का नाम लेने का यह तात्पर्य नहीं है कि इन्होंने नवगीत लिखा। 'नवगीत' नाम तो तब तक प्रचलित भी नहीं था। इन्होंने पारम्परिक गीत प्रवृत्तियों से भाव, भाषा और शिल्प के स्तर पर अलगाव करके नई दिशा का संकेत किया था। इन्हीं विशेषताओं के कारण इन गीतों को हम उद्भवकालीन नवगीत कहते हैं।

विकासकालीन नवगीत

विकासकालीन नवगीत शब्द भी उसके उद्भवकाल के आगे के विकास को रेखांकित करने के उद्देश्य से किया गया है। वस्तुतः अभी 'नवगीत' शब्द प्रयुक्त और प्रचलित नहीं हुआ था। 1958 ई. में श्री राजेन्द्र प्रसाद सिंह ने 'गीतांगिनी' की भूमिका में लिखा "समकालीन हिन्दी कविता की महत्वपूर्ण और महत्वहीन रचनाओं के विस्तृत आन्दोलन में गीत-परम्परा नवगीत के विकास में परिणति पाने को सचेष्ट है। नवगीत नई अनुभूतियों की प्रक्रिया में संचयित मार्मिक समग्रता का आत्मीयतापूर्ण स्वीकार होगा जिसमें अभिव्यक्ति के आधुनिक निकायों का उपयोग और नवीन प्रविधियों का सन्तुलन होगा।" लिखित रूप से 'नवगीत' शब्द का यह सर्वप्रथम प्रयोग है। यद्यपि इसके लिए 'नवगीत' या 'नई कविता के गीत' आदि प्रयोग प्रचलित हो चुके थे। वस्तुतः जब पदार्थ बन जाता है, तभी उसकी प्रकृति के अनुरूप उसे पद मिलता है। नामी पहले आता है और नाम बाद में रखा जाता है। जीवन की इस स्वाभाविक प्रक्रिया के अनुसार ही नवगीत का जन्म तो 50 के आसपास ही ही चुका था। डॉ. शंभुनाथ सिंह मानते हैं कि नवगीत शब्द गोष्ठियों और मंचों पर 1958 से काफी पहले ही प्रयोग में आ चुका था किसी व्यक्ति ने न इसका नामकरण किया न इसका प्रारम्भ। नए गीत के विकास के इस चरण में द्वितीय सप्तक और तृतीय सप्तक के कवियों के गीतों ने भी नई दिशा का द्वार उन्मुक्त किया था। यह बात दूसरी है कि वे कवि आगे चलकर गीत धारा या नवगीत धारा से निरन्तर जुड़े नहीं रह सके। ठाकुर प्रसाद सिंह के 'वंशी और मादल' संग्रह के गीत जिन्हें वे 1950 से ही गोष्ठियों और मंचों पर सुनाते आ

रहे थे और पुस्तककार जिसका प्रकाशन 1959 में हुआ उसके गीतों ने संथाली लोक-जीवन के परिपार्श्व को लेकर नई भंगिमा प्रस्तुत की।

इसमें सन्देह नहीं कि ठाकुर प्रसाद ने गीत को एक नई जमीन दी और निराला को निसृत नवगीत की गंगोत्री का अग्रित प्रवाह 'वंशी और मादल' माना जा सकता है। इस संग्रह का पहला गीत ही अपनी भाषा, अपने बिम्ब और अपनी आंचलिकता से पाठक को आकर्षित कर लेता है और यह निश्चित रूप से सिद्ध कर देता है कि छायावादी और छायावादोत्तर पारम्परिक गीतों से इसकी पहचान बिल्कुल अलग है–

पाँच जोड़ बाँसुरी
बासन्ती रात के विह्वल पल आखिरी
पर्वत के पार से बजाते तुम बाँसुरी
पाँच जोड़ बाँसुरी।
वंशी-स्वर उमड़-घुमड़ रो रहा
मन उठ चलने को हो रहा
धीरज की गाँठ खुली लो लेकिन
आधे अंचरा पर पिय सो रहा
मन मेरा तोड़ रहा पाँसुरी।
पाँच जोड़ बाँसुरी।[28]

इसी प्रकार से धर्मवीर भारती ने अपने गीतों में जो 'सातगीत वर्ष' में संकलित हैं, एक नएपन का अहसास दिया था। 'साँझ का बादल' शीर्षक उनकी कविता यद्यपि कल्पना की ही उड़ान प्रस्तुत करती है किन्तु यह कल्पना छायावादी कल्पना से बिलकुल भिन्न है और नई कविता के दुरूह मकड़जाल से भी मुक्त है। इसमें शब्द गाँव और घर के हैं और इसका पूरा परिवेश आंचलिक है–

ये अनजान नदी की नावें
जादू के से पाल,
उड़ाती
आती
मन्थर चाल।
कुछ समीप की
कुछ सूदूर की,
कुछ चन्दन की
कुछ कपूर की,
कुछ में गेरू, कुछ में रेशम,

कुछ में केवल जाल।[29]

डॉ. विश्वनाथ प्रसाद कहते हैं, "नवगीत कोई काव्य-आन्दोलन नहीं था, बल्कि लोक-चेतना, लोक संस्कृति, उन्मुक्त जीवन, जातीय संस्कारों और जातीय सौन्दर्य बोध से जुड़ने की सहज प्रक्रिया थी। वंशी-मादल और आछी-साखू का भूगोल हमारे शहरी जीवन में नए बुनावट के कसीदे उभारने लगा। धर्मवीर भारती का गीत 'अगर डोला कभी इस राह से गुजरे कुबेला' एक नए जीवन-सन्दर्भ, एक नए अर्थ और नए शिल्प को एकदंम लोक के अन्तराल से उठाकर रख देता है।[30]

उपर्युक्त दो कवियों के साथ ही इस चरण में रामदरश मिश्र, शिव बहादुर सिंह भदौरिया और रामचन्द्र चन्द्रभूषण तथा डॉ. शंभुनाथ सिंह ने गीत-परम्परा को लीक से हटाकर एक नई जमीन देने का प्रयास किया। ये कवि मुक्त छन्द के साथ-साथ गीत भी लिखते रहे। इन्होंने नवगीत के इस विकास काल में उसे निश्चित स्वरूप देने का कार्य किया। इनमें आंचलिकता बोध के साथ ही अपनी संवेदना को बिम्बों प्रतीकों के माध्यम से उद्‌घाटित करने का प्रयास है। इन नवगीतों में भाषा, बिम्ब-विधान और अभिव्यंजना-प्रणाली सम्बन्धी नवीनता का दर्शन होता है और यह नवगीत धारा नई कविता के समानान्तर चलती रहती हैं। इन गीतों के नएपन और टटकेपन ने इन्हें वह आयाम प्रदान किया जिससे इन्हें नवगीत के विकास के चरण को रेखांकित करनेवाला कहा जा सकता है।

नई कविता के साथ-साथ समानान्तर रूप से इनकी रचनाओं में ऐसे गीत लिखनेवालों में भवानी प्रसाद मिश्र, गिरिजा कुमार माथुर, धर्मवीर भारती, ठाकुर प्रसाद सिंह, शंभुनाथ सिंह, केदारनाथ सिंह, जगदीश गुप्त, सर्वेश्वर दयाल सक्सेना और राम दरश मिश्र का नाम यद्यपि प्रमुख हैं किन्तु इनमें से अधिकांश आगे चलकर गीतधारा से अलग कट गए। इनमें गीत परम्परा को आगे बढ़ानेवाले और नवगीत कविता में प्रतिष्ठा प्राप्त करनेवाले चार नाम ही शेष रह जाते हैं वे हैं ठाकुर प्रसाद सिंह, रामदरश मिश्र, डॉ. शंभुनाथ सिंह और जगदीश गुप्त।

उपर्युक्त कवियों में नवता का जो स्वरूप उभरकर सामने आया, उसमें टटके प्रकृति चित्रों की बहुतायत है। उनमें नए बिम्बों का विधान, नवीन उपमान और कथन की भंगिमाए तो हैं ही, साथ ही भाषा में भी एक नया निखार और सहजता के साथ अभिव्यक्ति का नया तेवर है। इस दृष्टि से उपर्युक्त कवियों के एक-एक उद्धरण 'नवगीत अर्द्धशती' से बानगी के रूप में दिए जा रहे हैं।

जगदीश गुप्त—

शिखरों से उतर रहे बादलों जैसे रुई,
अर्ध्वमुखी गुच्छों की सुइयों से गेरूई
चीड़ की कतारों की कसी बँधी राह पर,

चितकबरी धूप बिछी चीतल की खाल-सी।
X X X
झिल्ली की झनकारें, बेले के बोल-सी,
प्राणों में डोल रही हिलते हिन्दोल-सी,
अनचाहे दर्द उठा, पल को छा गया,
सुधियों की आँख भरी बरसाती ताल सी।[31]

सर्वेश्वरदयाल सक्सेना–

बहुत दिनों बाद मुझे धूप ने बुलाया।
ताते जल नहा, पहन खेत-वसन आई,
खुलेलान बैठक गई दमकती लुनाई,
सूरज-खरगोश धवल गोह उछल आया।

नभ के उद्यान-छत्र तले मेज : टीला,
पड़ा हरा फूल कढ़ा मेजपोस पीला,
वृक्ष खुली पुस्तक, हर पृष्ठ फड़फड़ाया।[32]

(1)
भरी-भरी दोपहरी
बोल गया पाँखी
बार-बार खड़क उठा खिड़की का पल्ला
पास की बसवारी से
सीटियाँ बजाता रहा निठल्ला
टूट गई नींद
और छा गई उदासी।

(2)
चिटक उठी धूप, प्रिय
टूट गई सीढ़ी।
ताल में गिरी मैं,
जल में तिरी मैं
अंग-अंग जल हुआ
रही न कहीं की री।[33]

(3)
कुहरा उठा,
साये में लगता पथ दुहरा उठा।
हवा को लगा गीतों के ताले
सहमी पाँखों ने सुर तोड़ दिया,
टूटती बलाका की पाँतों में
मैंने भी अन्तिम क्षण जोड़ दिया,
उठे पेड़ घर दरवाजे कुआँ
खुलती भूलों का रंग गहरा उठा।
शाखों पर जमे धूप के फाहे
गिरते पत्रों से पल ऊब गए,
हाँक दी खुलेपन ने फिर मुझको
डहरों के डाक कहीं डूब गए,
नम साँसों ने छू दी दुखती रग
साँझ का सिराया मन हहरा उठा।[34]

इस छठे दशक में नवगीत की स्थिति को रेखांकित करते हुए राजेन्द्र गौतम ने लिखा है–"छठे दशक में प्रतिष्ठित कवियों में से 'निराला' एवं 'अंचल' में, प्रगतिवादी कवियों में केदारनाथ अग्रवाल व नागार्जुन में, नई कविता के कवियों में से शंभुनाथ सिंह, ठाकुर प्रसाद सिंह, गिरिजा कुमार माथुर तथा धर्मवीर 'भारती' में, तत्कालीन गीतकारों में से वीरेन्द्र मिश्र और देवेन्द्र शर्मा 'इन्द्र' में क्रमशः ऐसी प्रवृत्तियों का विकास हो रहा था, जो हिन्दी गीत को एक नई दिशा ही नहीं दे रही थी बल्कि सन् 60 तक आते-आते उसे बिलकुल ही एक नए व्यक्तित्व से सम्पन्न कर दिया और उसे एक ध्रुवीकरण की स्थिति तक पहुँचा दिया।"[35]

1960 ई. तक आते-आते 'नई कविता' और नवगीत' का ध्रुवीकरण दो भिन्न काव्य धाराओं के रूप में हो चुका था। "हिन्दी कविता में सन् 1950-60 के दौरान एक संकुल स्थिति दिखाई देती है, जिसमें एकाधिक प्रवृत्तियाँ पास-पास उगी लताओं की तरह एक-दूसरी से उलझती हुई बढ़ रही थी लेकिन इस सम्पूर्ण वैविध्य के बीच इन काव्य धाराओं में एक बोधगत समता थी, इसे आधुनिकता बोध भी कहा जा सकता है जिसकी केन्द्रवर्ती प्रवृत्ति यथार्थवाद थी। यह यथार्थवाद जीवन के अधिक समीप ही नहीं था, उसने उसका गहराई से विश्लेषण भी किया था। स्पष्टतः यह आधुनिक बोध नए युग का एक अर्जित मूल्य था। तत्कालीन कविता की पूर्णता के तीन सम्भावित आयाम थे–संवेदनशीलता, लयवती परम्परा और यथार्थाश्रित आधुनिकता।"[36]

नई कविता और नवगीत में केवल 'फार्म' का अन्तर नहीं है, बल्कि दोनों की दृष्टि और चिन्तन की दिशा की भिन्न रूप में विकसित हो रही थी। नई कविता के कुछ समर्थ रचनाकारों ने भी नवगीतकारों की ही तरह आंचलिकता और लोक-संवेदना को ग्रहण किया, पर उनकी मूल चिन्तन दृष्टि पाश्चात्य विचारकों से आयातित 'अस्तित्ववाद' आदि के दर्शन पर आधारित थी। वे जिस टूटन, कुंठा और संत्रास के चित्र खींच रहे थे, वह योरोपीय और अमरीकी कवियों की नकल पर आधारित था। अतः उसमें यथार्थगत जीवन्तता भी नहीं थी और साथ ही भारतीय जीवन की सम्पृक्तता भी नहीं थी। अधिकांश नई कविता महानगरीय और नगरीय जीवन के मध्यवर्गीय समाज से सम्बद्ध थी जबकि पचासी प्रतिशत भारत गाँवों में निवास करता है। ऐसी स्थिति में नई कविता का किला ध्वस्त होना ही था और उस दिशा में 'नवगीत' ने भारतीयता को केन्द्र में प्रतिष्ठित करके जिस यथार्थ आधुनिक बोध को अपनाया, उसने नई कविता को अनेक खेमे में बिखरकर समाप्त होने की ओर अग्रसर कर दिया।

राजेन्द्र गौतम का यह मत बड़ा ही सार्थक है कि आंचलिकता और लोक संवदेना यद्यपि सम्पूर्ण नवगीत में विद्यमान है, परन्तु उपर्युक्त नए कवियों की जो आंचलिक दृष्टि है अथवा लोकधर्मी चेतना है, वह तात्विक रूप से आगामी नवगीतकारों की आंचलिक दृष्टि और लोकधर्मी चेतना से बिलकुल भिन्न है। यह भिन्नता भारतीय जन-जीवन के साथ नवगीतकार के सहभोक्ता होने की भूमिका और नई कविता के तटस्थ टिप्पणीकार होने की भूमिका में पहचानी जा सकती है।"आगे चलकर नवगीत क्रमशः लोक जीवन से जुड़ता चला गया। यह अनुभव प्राथमिक अनुभव के आधार पर है, पूर्वोक्त धाराओं की तरह पुस्तकीय सिद्धान्तों के आधार पर नहीं। लोक-जीवन के सन्दर्भ में अनुभव की वास्तविक प्रामाणिकता हमें नवगीत से उपलब्ध होती है नवगीतकार की लोकजीवन से यह सम्पृक्ति आत्माभिव्यक्ति के बदले हुए स्वरूप की परिचायक है, न कि नवगीत के आत्माभिव्यक्ति से शून्य होने का प्रमाण।"[37]

लोकजीवन से यथार्थ सम्पृक्ति और आंचलिकता का अनुभवजन्य चित्र ठाकुर प्रसाद, भारती, शंभुनाथ, रामदरश मिश्र, जगदीश गुप्त से लेकर गिरिजा कुमार माथुर, सर्वेश्वर दयाल सक्सेना, केदारनाथ अग्रवाल, केदारनाथ सिंह, नागार्जुन और त्रिलोचन तक में हमें प्राप्त होता है। सच पूछा जाए तो 'नवगीत' ने अपने साठ के इस दशक में, जिसे हमने नवगीत का विकास-काल कहा है, लोक जीवन से निकटता को केन्द्रीय तत्व के रूप में प्रतिष्ठित किया। "यह काल नवगीत के स्वरूप-निर्माण का एक वृत्त पूरा कर लेता है। दूसरे सोपान का प्रारम्भ एक नए संकल्प के साथ होता है। यह संकल्प है—युगबोध की अभिव्यक्ति।"[38]

संघर्ष कालीन नवगीत

नवगीत के अग्रिम विकास का तीसरा चरण सत्तर के दशक में चलता है। (जैसा पिछले प्रकरण में बताया गया है) इस चरण में नवगीत की सबसे बड़ी उपलब्धि यह रही है कि वह आधुनिक बोध से सम्पृक्त हुआ। पिछले चरण में वह आंचलिकता, लोक सम्पृक्ति और जन-चेतना के बोध के साथ जुड़ा था, इस चरण में वह अपनी उक्त विशेषताओं के साथ समग्र रूप से आधुनिक बोध का काव्य बन गया। इस आधुनिकता बोध को यहाँ स्पष्ट समझने की आवश्यकता है। एक आधुनिकता बोध नए कवि का भी था, जो द्वितीय महायुद्ध की त्रासदी से नदी के द्वीप की तरह अपने अस्तित्व संकट के लिए शंकालु है, जो यथार्थ के नाम पर नग्नता के वरण तक से भी परहेज नहीं करता और जो पाँच सितारा होटल तथा वायुयान-संस्कृति में रचा-बसा कभी-कभी 'कलंगी बाजारे' की लगाकर जनकाव्य का अभिनय मात्र करता है। उसकी शोच आयातित है और उसकी संवेदना भी कृत्रिम है।

यही कारण है कि साठ से सत्तर के दशक में नई कविता में निरन्तर बिखराव की प्रक्रिया शुरू हो जाती है। नई कविता का नाम भी अब उन्हें सार्थक नहीं लगने लगा। इसे साठोत्तरी कविता कहा गया। नई कविता के अलम्बरदारों में खेमे बन्दियाँ शुरू हो गईं। कोई अकविता कोई भूखी पढ़ी की कविता, दिगम्बर या नंगी कविता, सहज कविता, चुयुत्स कविता, अस्वीकृत कविता, साम्प्रतिक कविता, बीट कविता, नूतन कविता, ताजी कविता, टटकी कविता, जनकविता, नवप्रगतिशील कविता आदि किस्म-किस्म की कविता के खेमे प्रकट हुए। नई कविता के पहले कविता की पहली शर्त उसकी प्रेषणीयता थी, अब इसकी पहली शर्त नासमझी हो गई। असल में छन्द-लय से मुक्ति लेकर नई कविता में गद्य की छोटी-बड़ी पंक्तियों में कोई भी अजीब बात लिखने को कविता का दर्जा दे दिया था। अतः अब देशभर में इतने नए कवि हो गए कि उनकी शुमार मुश्किल हो गई। गुरूडम से नई कविता जनमी थी। अतः गुरूडम की परम्परा ने उसे खेमों में विभाजित कर डाला। गरज यह कि नई कविता अपने रचनाकारों के हाथ टुकड़े-टुकड़े कर दी गई और जिस नई कविता ने कभी अपनी असली माँ का दूध नहीं पिया था। (अपनी धरती और संस्कृति के अमृतत्व का आधार नहीं लिया था) उस कमजोर क्षयग्रस्त कविता का अन्त भी होना ही था। नई कविता के अन्त के साथ उसके द्वारा प्रतिपादित आधुनिकताबोध की परिकल्पना का भी अंत हो गया।

नवगीत में प्रतिष्ठित आधुनिकताबोध भारतीय आधुनिक बोध कहा जा सकता है। बीसवीं शदी में भी जो देश गाँधी को पैदा कर सकता है, विनोवा को प्रतिष्ठित कर सकता है, उस देश की माटी पर अनास्थावादी आधुनिकता, अति

भौतिकतावादी आधुनिकता, अति माँसलतावादी आधुनिकता और उपभोग का संस्कृति प्रधान आधुनिकता, घर और कुटुम्ब की सत्ता को नकारनेवाली व्यक्तिवादी आधुनिकता कभी जड़ें नहीं जमा सकती। इसे नई कविता और उसके दर्शन की असफलता से सिद्ध करके रख दिया है। भारतीयता के मूल दर्शन को राजेन्द्र गौतम ने कुबेरनाथ राय के निबन्ध के एक प्रसंग से अच्छे ढंग से व्याख्यायित करने का प्रयास किया है। उनका कहना है कि नवगीत में भी वेदना है, पर वह निरी रति-चक्र के खंडित होने की वेदना नहीं, अपितु ऋतु-चक्र के घायल होने की वेदना भी है, कुबेरनाथ राय का निबन्धांश इस प्रकार है–

"रतिक्रिया से वंचित रह जाने का दुःख ऐन्द्रिक लोक का दुख है, परन्तु प्रणय में आहत और खंडित होने का विप्रलम्भ प्रधान दुःख राग लोक का दुख है, परन्तु साथ ही ऋतु-चक्र के घायल हो जाने का दुख रागोत्तर सार्वभौम वेदना से जुड़ा है।"[39]

इस सम्बन्ध में श्री गौतम ने रेखांकित किया है कि इस दशक में नवगीत में आस्था, उल्लास और उपलब्धि के स्वर भी हैं, परन्तु जहाँ तक दुख भंजक स्थितियों का सम्बन्ध है, उनका एक निजी व्यक्तित्व है। प्रणय में आहत और खंडित होने का विप्रलम्भ प्रधान दुख–अपने राग-लोक के सन्दर्भों के साथ नवगीत में निःसन्देह चित्रित हुआ है, पर यह उसका मुख्य स्वर नहीं है। वस्तुतः नवगीत वेदना का काव्य इस अर्थ में ही अधिक है कि उसका वेदना ऋतु-चक्र के घायल होने की वेदना है। रागोत्तर सार्वभौम वेदना उसका सन्दर्भ है, क्योंकि पूर्वोक्त दोनों स्थितियाँ आत्मसीमित वेदना की हैं। उनमें भी प्रथम स्थिति अनुभोक्ता को ही बाँधती हैं, दूसरी अपने साथ विश्व को जोड़ने के लिए उससे सहानुभूति पाने के लिए प्रयत्नशील है, जबकि तीसरी स्थिति मुक्तावस्था में लोक से जुड़ने की स्थिति है। नवगीत इसी लोकोन्मुखी वेदना-भाव का उद्‌गाता है, जन-जन की यातना को मुखरित करता है।[40]

अपने देश की स्थितियों, अपने देशवासियों की परिस्थितियों, अपने परिवार-परिवेश की दृश्यावलियों से उसकी वेदना फूटती है, उनके अन्तःकरण की वेदना उभरती है। यह वेदना, यह करुणा वैश्विक पीड़ा से युक्त है। वेदना का भाव ही व्यक्ति निरपेक्ष और राष्ट्र निरपेक्ष होता है। बुद्ध ने जिस वेदना को हृदयंगम किया था और उसे तप्त अन्तःकरण की भट्ठी से तपाकर उन्होंने करुणा के जिस अमृतरस को उत्पन्न किया था, वह क्या एकदेशीय था। भारत में जन्मा, यहाँ के ऋतु-सिद्धान्त से जुड़ा करुणा का यह सिद्धान्त श्रीलंका, वर्मा, चीन, जापान, पूर्वीद्वीप समूह, अफगानिस्तान, ईरान, ईराक तक के आदमी के हृदय को जोड़ने का आधार बन गया। हम यह नहीं कहते कि भारतीय तत्व चिन्तन में ही वैश्विक समरसता के तत्व विद्यमान है। तत्वरूप में तो यह बात पश्चिमी जगत में भी यत्र-तत्र मिल

जाती है, पर आज के ध्वंसकारी विज्ञान और घोर भौतिकवाद के स्वार्थपरक युग में भारत और भारतीयता में ही अभी कुछ सन्त, सूफी, विरक्त, साधु प्रत्यक्षतः ऐसे दीखते हैं जो उस प्रतिपादित तत्व को अपने जीवन और व्यवहार में दिखा सकने में समर्थ हैं। अतः नवगीत में 60 से 70 के दशक में मानवीय वेदना का चित्रण इसी भारतीय ऋतु-सिद्धान्त की अप्रत्यक्ष आधारभूमि के साथ हुआ। गरीबी, दुःख, अभाव, जनतन्त्र का ढोंग आदि सभी कुछ नवगीत में व्यंग्य होता है, पर नवगीत अपनी अभिव्यक्ति में सामाजिक बदलाव की जागृति की प्रेरणा देता है, किसी अराजक और उद्वेग की स्थिति का वह कारण नहीं बनता। वह मन्त्रद्रष्टा ऋषि की भाँति जीवन की विद्रूपताओं को गीत में उघाड़कर रख देता है। उन विद्रूपताओं के निर्मूलन का व्यावहारिक समाधान जन और जनशक्ति के नियोक्ताओं को ढूँढ़ना होगा।

प्रश्न हो सकता है कि ऐसा क्यों ? वेदना के इस आधुनिक बोध का यह स्वरूप क्यों है ? राजेन्द्र गौतम की दृष्टि है कि "नवगीत में उपर्युक्त स्थितियों के चित्रण के आधार है, उसका आधुनिक युगबोध से सम्पन्न होना, क्योंकि आधुनिकता का बोध वर्तमान के प्रति सजगता में व्यक्त होता है। हम जानते हैं कि अन्य सामाजिक काव्यधाराओं में भी इस बोध की अभिव्यक्ति है, लेकिन यहाँ भी नवगीत की अपनी एक विशिष्टता है। वह वर्तमान का काव्य तो है, पर वह क्षण का काव्य कदापि नहीं है और न वह भविष्य के प्रति अनास्थावान है। उसके लिए काल की समग्रता ही महत्वपूर्ण है। उसने आधुनिक सन्दर्भों को—संवेदनशीलता के माध्यम से आत्मसात किया है।"[41]

इसके पहले कि हम इस दशक के साहित्यकारों के कथ्य और विषय-भंगिमा के बारे में कुछ विचार करें, यह आवश्यक है कि हम यह इंगित कर दें कि नवगीत के रचनाकार अधिकतर गँवई-गाँव के रहनेवाले हैं, जबकि नई कविता के रचनाकारों में ज्यादातर महानगरीय सम्भ्रान्त पुरुष थे। नई कविता के अन्तर्गत जो स्वर गाँव से उभरे कवि के थे, वे उनसे पूर्णतः अलग दीख पड़ते हैं। वे चाहे नागार्जुन हों, त्रिलोचन हों, या धूमिल हों। इनकी देखी और भोगी गई वेदना युग के यथार्थ का वास्तविक चित्र प्रस्तुत करती है। नई कविता के अन्य रचनाकारों से पृथक इनका स्वर साफ दिखाई पड़ता है। यही कारण है कि आगे चलकर समकालीन कविता या जनकविता की संज्ञा में इनकी रचनाओं को परिभाषित किया गया, नई कविता में इनका रूप पाना मुश्किल था।

ठीक यही स्थिति नवगीतकारों के साथ है। क्योंकि नवगीतकार गाँव से सीधे जुड़ा हुआ है, अतः उसकी वर्तमान की अभिव्यक्ति बड़ी वास्तविक और जीवन्त है। उनकी जीवन्तता का दर्शन सबसे अधिक अन्यत्र यदि कहीं देखा जा सकता है, तो वह है धूमिल की कविता। अन्य वैयक्तिक सन्दर्भों के अतिरिक्त जिस

सामाजिक सन्दर्भ को नवगीतकारों ने स्पर्श किया है वह है आज का आदमी। आज के आदमी को जो राजनीतिक और सामाजिक परिवेश और उनकी विद्रूपताओं के चित्र हैं, उनकी जटिलता को इन कवियों ने रेखांकित किया है। स्वतन्त्रता, लोकतन्त्र, न्याय, सुरक्षा-स्वाभिमान, जीवन की मौलिक आवश्यकताएँ, व्यक्तिगत अस्मिता आदि प्रश्न आज देश के आम आदमी के प्रश्न बन गए हैं। इन शब्दों ने अपना समस्त अर्थ खो दिया है। इनमें नई अर्थवत्ता स्थापित करने के लिए देश में नए परिवर्तन, नई क्रान्ति और नई स्वतन्त्रता की जरूरत होगी। नवगीतकार के इसी जुड़ाव ने आपातकाल में उसके गीतों को बड़ा धारदार स्वर प्रदान किया था जिसका विचार हम अगले चरण में विकास-क्रम में करेंगे।

नवगीतकारों ने अर्थहीन शब्दों पर अपनी गम्भीर अर्थबोधक अभिव्यक्तियों द्वारा करारा व्यंग्य और प्रहार किया है। आज देश में स्वतन्त्रता, समानता, जनतन्त्र, लोकतन्त्र, सम्मान, अभिनन्दन, सत्य, अहिंसा, नैतिकता, सदाचार सभी शब्दों का अवमूल्यन हुआ है और वे अपने अर्थ के विपरीत एक विद्रूपता उत्पन्न करने लगे। नए शब्दों ने स्वातन्त्र्योत्तर काल में उनके स्थानापन्न होने की स्थिति बना ली है। यह शब्द हैं आतंकवाद, माफिया, बलात्कार, उत्पीड़न, दलबदलू, घोटाला, स्कैंडल आदि। ये नए युग के नए वैशिष्ठ्य वाले शब्द हैं। इन शब्दों में से कुछ को लेकर नवगीतकारों ने इनके माध्यम से अर्थ की नवीन छवियों का उद्‌घाटन अपने पैने व्यंग्य से किया।

इस दशक में गीत ने अपने वस्तु और शिल्प की स्थापना का रचनात्मक संघर्ष तो किया ही, साथ ही उसने इस दिशा में कुछ प्रचारात्मक पहल भी की। 1964 ई. में 'कविता' नामक पत्रिका के नवगीत विशेषांक में कई आलोचनात्मक निबन्धों के साथ नवगीत भी प्रकाशित हुए। 'बासन्ती' (वाराणसी) ने नवगीतों को रचनाकारों के वक्तव्य के साथ प्रकाशित करना प्रारम्भ किया। ज्ञानोदय, कल्पना, लहर, धर्मयुग, साप्ताहिक हिन्दुस्तान आदि के नवगीतों को प्रकाशन देना प्रारम्भ किया। 1963 में 'रवीन्द्र भ्रमर के गीत' संकलन का प्रकाशन हुआ और 1964 में ओम प्रभाकर और भागीरथ भार्गव का संकलन 'कविता 64' प्रकाशित हुआ जिसमें ठाकुर प्रसाद, उमाकान्त मालवीय, रामदरश मिश्र, ओम प्रभाकर, भगीरथ भार्गव, देवेन्द्र कुमार, नईम, नरेश सक्सेना, छविनाथ मिश्र, महेन्द्र शंकर, सोमठाकुर, शलभ, श्रीराम सिंह आदि के गीत और डॉ. शंभुनाथ सिंह, डॉ. रवीन्द्र भ्रमर, डॉ. रामदरश मिश्र और डॉ. रमेशकुन्तल मेघ के आलोचनात्मक लेख प्रकाशित किए गए। इस संकलन ने रचनात्मक लेखन के साथ नवगीत को आलोचनात्मक स्वीकृति का आधार भी प्रदान किया।

इस क्रम में श्री चन्द्रदेव सिंह द्वारा सम्पादित 'पाँच जोड़ बाँसुरी' संग्रह 1969 ई. में प्रकाशित हुआ जिसमें 47 से 67 के बीच प्रकाशित गीतों का संकलन प्रस्तुत

किया गया। इसमें पाँच पीढ़ियों के चालीस कवियों के गीत संकलित हैं। यद्यपि इसमें कई स्वीकृत नवगीतकार सम्मिलित किए गए हैं और इन गीतों में लोकधर्मिता और आंचलिकता की प्रवृत्तियाँ भी सर्वत्र हैं किन्तु इस संकलन में अभिव्यक्त दिशा और संकलित गीतों में लोकधर्मिता के अतिरिक्त अन्य नवगीत के तत्वों का अभाव इसे नवगीत का दिशाबोधक संकलन बनाने से वंचित कर देता है। 1980 में 'नवगीत : सर्जन और समीक्षा' पुस्तक ने भी इस दिशा को अग्रसर करने का काम किया। डॉ. शंभुसिंह जो नवगीत में एक प्रतिष्ठित हस्ताक्षर बन चुके थे और जिन्होंने नवगीत के रचनात्मक शिल्प के साथ उसकी आलोचनात्मक पृष्ठभूमि का भी निर्माण किया था, उसकी स्वर्ण जयन्ती 1968 ई. में काशी विद्यापीठ जैसे महत्वपूर्ण उच्च शिक्षा केन्द्र के माध्यम से आयोजित की गई। यह समारोह मुख्यतः नवगीत समारोह कहा जा सकता है जिसमें निबन्धकारों और समीक्षकों ने भी भाग लिया और नवगीत लेखन ने नवगीत आन्दोलन का रूप लिया। इसी वर्ष रामअवतार चेतन ने बम्बई में एक 'गीत समारोह' का आयोजन किया, जिसमें नवगीत पर एक विचार गोष्ठी भी आयोजित हुई, जिसकी अध्यक्षता डॉ. धर्मवीर भारती ने की और जिसमें डॉ. शंभुनाथ सिंह, ठाकुर प्रसाद सिंह, वीरेन्द्र सिंह, रवीन्द्र भ्रमर, महेन्द्र शंकर आदि नवगीत के महान हस्ताक्षरों ने विचार-विमर्श में भाग लिया।[42]

इस लम्बे रचनात्मक, आलोचनात्मक और आन्दोलनात्मक संघर्ष में से निकलकर नवगीत साहित्य-जगत में स्वीकृत हो गया और डॉ. शंभुनाथ के सम्पादन में निकलनेवाले नवगीत दशक का प्रथम भाग भी इसी काल में तैयार हो गया था, यद्यपि उसका प्रकाशन कुछ कारणों से 1982 ई. में हुआ। इस सम्बन्ध में डॉ. शंभुनाथ सिंह का वक्तव्य इस प्रकार है–

"सन् 1968 तक 'नवगीत' एक सर्वस्वीकृत नाम हो गया था और उसे गीत की नवीनतम विधा के रूप में व्यापक स्वीकृति मिल चुकी थी। अतः नवगीत के इस प्रतिनिधि कवियों के दस-दस गीतों का चयन करके मैंने उनका सम्पादन-प्रकाशन करने की योजना बनाई। इस उद्देश्य से मैंने श्री ओम प्रभाकर, शलभ श्रीराम सिंह, उमाकान्त मालवीय, परमानन्द श्रीवास्तव, रामचन्द्र चन्द्रभूषण, रामदरश मिश्र, वीरेन्द्र मिश्र, उमाशंकर तिवारी, देवेन्द्र कुमार और शान्ति सुमन के गीत भी मँगा लिए थे। उस समय कुछ ऐसे व्यवधान हो गए कि प्रस्तावित 'नवगीत दशक' (उस समय) प्रकाशित न हो सका।"[43]

नवगीत का उत्कर्षकाल

सन् 1971 से 1985 तक के काल को डॉ. शंभुनाथ सिंह ने नवगीत के विकास का चतुर्थ चरण माना है जिसमें नवगीत उत्कर्ष की अवस्था में पहुँचा।[44] मेरी दृष्टि में 1985 से अब तक की प्रवृत्ति में भी कोई विशेष अन्तर नहीं आया है बल्कि

नवनीत इस कालावधि में निर्धारित मान्यताओं के आधार पर ही चल रहा है। अतः अब तक के समय को इसी चतुर्थ चरण पर उत्कर्षकाल के अन्तर्गत लिया जाना ठीक है। आठवें और नवें दशक के नवगीत की विशेषता यह है कि इसके पूर्व की आंचलिक प्रवृत्तियाँ अब तक नवगीतकारों की लोक-संवेदना के रूप में प्रकट हुई। इस लोक-संवेदना में समाज की पीड़ा, विसंगति और संघर्ष को नवगीतकार ने विविध रंग-छवियों में रूपायित किया है। गाँव और समाज के यथार्थ जीवन-चित्रों के साथ ही प्रकृति के अनेक टटके चित्र नवगीत को माटी की गन्ध से सुवासित करने लगे और लोक संस्कृति के सम्पूर्ण तत्वों का समावेश गीतों में हो गया। नवगीत ने केवल गाँव की झाँकी ही नहीं प्रस्तुत की बल्कि नगरीय जीवन के आदमी के दोमुँहेपन, बेगानेपन और उसकी स्वार्थलोलुप मनोवृत्ति का भी चित्र खींचा किन्तु ऐसे चित्रों में व्यंग्य था, जीवन के प्रति एक स्वस्थ दृष्टिकोण और एक सच्चे आत्मीय भारतीय समाज के रचना की उद्दाम लालसा।

आठवें, नवें दशक के नवगीतों की दूसरी प्रधान विशेषता है उनमें ढलती हुई भारतीय ढंग भी आधुनिकता। डॉ. शंभुनाथ सिंह के शब्दों में–"अब नवगीतकारों की चिन्ता भारतीय स्थितियों और परम्परा के अनुरूप आधुनिकता को ढालने की ओर मुड़ी। फलतः इस दशक में लिखे गए नवगीतों में भारत की आत्मा की अभिव्यक्ति के साथ पाश्चात्य ढंग की आधुनिकता के विरुद्ध विद्रोह और आक्रोश की भावना भी अभिव्यक्त होने लगी। इन गीतों में भारतीयता की अस्मिता की पहचान स्पष्ट रूप से दिखाई पड़ती है। अब नवगीतकार घर-परिवार के परम्परागत स्वरूप को जीवन के केन्द्र में रखकर अपनी मानसिक प्रतिक्रियाओं और अनुभूतियों को अभिव्यक्त करने लगा। छठें और सातवें दशक मे जो कवि नवगीतकार के रूप में स्थापित हो चुके थे, उनमें से कुछ तो नवगीत के इस बदले हुए तेवर को न अपना सकने के कारण नई कविता, जनवादी कविता आदि खेमों की ओर मुड़ गए और नवगीत से किनाराकशी कर लिया और कुछ ने काव्य-रचना ही करना बन्द कर दिया। शेष नवगीतकारों ने अपने को आठवें दशक के युग-बोध के अनुरूप ढाल लिया और नवगीत की आधुनिकतावादी प्रवृत्तियों को पूरी तरह विकसित करके उसे परिपुष्ट बनाया। आठवें दशक में उभरे युवा नवगीतकारों ने नवगीत को और भी गतिशील बनाया।[45]

भारतीयता और आधुनिकता को परस्पर विरोधी वे लोग मानते हैं जिनकी नजर में भारतीयता का मतलब, रूढ़ि, अन्धविश्वास, जड़ता, पिछड़ापन, छुआछूत और भेदभाव आदि है। वस्तुस्थिति यह है कि ये बुराइयाँ भारत की सांस्कृतिक परम्परा के काल-दोष के रूप में आई थी जिन्हें उन्नीसवीं शताब्दी के प्रथम चरण के पहले ही राजा राममोहन राय, स्वामी दयानन्द सरस्वती और स्वामी विवेकानन्द जैसे लोगों ने भारतीयता से उन्हें अलविदा कर दिया था और गांधी जी ने उसी

भारतीयता को जनविश्वास और जनवाणी का स्वरूप प्रदान किया। यह बात जरूर है कि भारतीयता समस्त आधुनिकता को अंगीकार करते हुए सारे विज्ञान की चकाचौंध को आत्मसात करते हुए भी आस्थावादी चेतना और मानव के उर्द्धगमन के लिए प्रेरित करनेवाली धर्मसत्ता को भी स्वीकार करके चलती है। इसीलिए जब महायुद्ध की विभीषिका में सारा यूरोप और अमेरिका हताशा, निराशा, कुंठा, टूटन का काव्य सृजित करता है तो भारतीयता टी.एस. इलियट जैसे कवि को 'ॐ शान्तिः शान्तिः शान्तिः' का सम्बल प्रदान करती है। युद्ध के विध्वंसकारी दृश्यों और प्रवृत्तियों को 'कुरुक्षेत्र' में अंकित करता हुआ कवि दिनकर धर्मराज से आशा के प्रदीप को जलाए रखने का आग्रह करता हुआ उसे आश्वस्त करता है कि एक दिन धर्म की विजय अवश्य होगी। उसके काव्य की केन्द्रीय चेतना इसी प्रश्न के साथ उमड़ती है कि–

दया का दीप, धर्म का दीप
कब जलेगा, कब जलेगा विश्व में भगवान ?
कब सुकोमल ज्योति से अभिषिक्त हो,
सरस होंगे जली सूखी रसा के प्राण।

भारतीयता की यही आशा, यही विश्वास, जीवन और अमरता में विश्वास करनेवाली आध्यात्मिक चेतना जिसे अरविन्द से लेकर दिनकर तक ने अपने काव्य में गुंफित किया था और जिसे नई कविता ने नकारकर सार्त्र, कामू, कीर्केगार्ड आदि के पाश्चात्य क्षणजीवी दर्शन को अपनाया था, उसी भारतीयता के अमृतबोध को यूरोपीय लोकतन्त्र, औद्योगीकरण और भौतिक उपलब्धियों के साथ-साथ नवगीतकारों ने अपने गीतों में पिरोया। यह आधुनिकता एक ऐसे रसायन के रूप में थी जिसके समस्त प्रभावी तत्व भारतीय थे। इसका स्वाद और इसकी गुणवत्ता भारतीय थी। इसमें कुछ प्रभावकारी उत्प्रेरक आधुनिक विश्व से लेकर भी मिलाए गए थे। आधुनिकता को अपनी जमीन से जोड़ने का यह कार्य हिन्दी भाषी क्षेत्र के प्रत्येक अंचल में नवगीतकारों ने किया। इसके लिए कोई आन्दोलन नहीं हुआ, कोई फतवा नहीं दिया गया, कोई योजना नहीं बनाई गई, बल्कि यह काव्य-जगत की एक महती आवश्यकता थी। नई कविता के द्वारा मिलनेवाले बोतल के दूध की प्रतिक्रिया यह सहज है। कवि का मन माता के स्तन के असली दूध के लिए लालायित था और उसी मातृ दुग्ध के लगाव की चरम परिणति थी नवगीत में आधुनिकता के साथ भारतीयता बोध।

इस काल में नवगीत ने शिल्प के स्तर पर भी पर्याप्त विकास किया। 'बंशी और मादल' की परम्परा की लोक धुनों के साथ ही अनेक गीतोपयुक्त छन्दों में गीत लिखे गए। लघुगीत लिखे गए, कुछ बड़े गीत लिखे गए, गजलें भी गीत सीमा

में समाहित हुई। गयता और छान्दसिकता के साथ नए-नए प्रयोग हुए। भाषा की बिम्बात्मकता विशेष रूप से निखरकर सामने आई। नए-नए प्रतीकों के साथ नवगीतकार नई भंगिमाओं और नए तेवर के साथ आया। नवगीतकार के सादृश्य के विधान के साधनों की विशेषता यह थी कि ये ताजे और हटके थे, बासी और उबाऊ नहीं। कुछ कवियों ने चमत्कार-प्रदर्शन के लिए आश्चर्यजनक कुतूहलवर्धक बिम्बों और प्रतीकों की सर्जना की चेष्टा की, किन्तु उसे नवगीत के समीक्षकों ने और नवगीतकारों की अग्रित पंक्ति ने नकार दिया। नवगीतकारों की बिम्बात्मकता और प्रतीकात्मकता लोक के परिचित वातावरण के दृश्यों और अनुभवों पर आधारित थी। जैसे नवगीत का दर्शन भारत की जमीन से उभरा था, उसी प्रकार से उसकी भाषा और उसका शिल्प भी इसी जमीन और इसी माटी से सम्पृक्त होकर उभरा था। इसीलिए उसमें ताजगी थी, टटकापन था, सोंधापन था और अपनापन था। यही कारण है कि समूचे हिन्दी क्षेत्र ने आठवें और नवें दशक में नवगीत को हिन्दी कविता की मुख्य धारा के रूप में स्वीकार कर लिया।

छठें दशक से ही गीत रचना करनेवाले कवियों में गोपाल सिंह 'नेपाली' श्रीपाल सिंह 'क्षेम', वीरेन्द्र मिश्र, बलबीर सिंह 'रंग', रमानाथ अवस्थी, नीरज, आरसी प्रसाद सिंह, रामअवतार त्यागी, देवराज, दिनेश, भारतभूषण आदि प्रमुख हैं इनमें वीरेन्द्र मिश्र, भारत भूषण, आरसी प्रसाद सिंह, की गति नवगीत के साथ आगे बढ़ी किन्तु शेष ह्रासोन्मुख गीत धारा से ही जुड़े रहे। इनमें केवल डॉ. श्रीपाल सिंह 'क्षेम' ने अपनी पुरानी गीत धारा में अपनी अलग पहचान बनाई है। उनके गीतों में उच्छल प्रेम-प्रवाह और रोमानियत की अतिशयता होते हुए भी उसमें भाषा की तराश और बिम्बप्रतीकों की ऐसी योजना है कि उनके गीतों को कम-से-कम छायावाद के गीत की गरिमा मिल सकती है। उनके गीतों को बच्चन से प्रारम्भ हुई छायावादोत्तर ह्रासोन्मुख धारा से सहज ही अलग किया जा सकता है। इनके तथा इनके समकक्ष कुछ अन्य गीतकारों को नवगीत के खेमे में सहज ही समाहित किया जा सकता है। नवगीत के व्याख्याकारों ने इन्हें नवगीत में केवल इसलिए स्थान नहीं दिया है कि इनके गीत केवल प्रेमपरक हैं। एकान्तिक प्रेम के गीत होने के कारण इनमें लोक संवेदना के अन्य परिपार्श्व, विशेषतः आज के जीवन की मँहगाई, अभाव, राजनीतिक प्रवंचना आदि का सर्वथा अभाव है।

आठवें, नवें दशक में नवगीत का समस्त दिशाओं में विकास हुआ। इस काल में नवगीत को प्रतिष्ठित करने के क्रम में डॉ. शंभुनारायण सिंह द्वारा सम्पादित नवगीत दशक भाग एक, दो और तीन का बड़ा महत्वपूर्ण स्थान है। यद्यपि इसे बार-बार नकारा गया है कि ये तीन दशक सप्तकों की नकल नहीं हैं और न ही इन दशकों के निर्माण के पीछे की भावना ही सप्तक के सम्पादक के समान कविता में अपनी नेतागिरी चमकाने की है, किन्तु सप्तकों के बाद इन दशकों का प्रकाशन

और सप्तकीय कवियों के समान दशकीय नवगीतकारों के वक्तव्य के साथ उनका प्रकाशन साफ जाहिर कर देता है कि संकलन के ढाँचे को सप्तकों से प्रेरणा मिली। जो भी हो सप्तकों में संकलित नई कविता का न कोई एक रूप था और न कोई एक मिशन, बल्कि सबका केन्द्रीय उद्देश्य काव्यगत प्रयोग था। फलतः नई कविता के बिखराव और विघटन के अनेक कारणों में एक कारण यह भी था। इसके विपरीत इन दशकों में श्रेष्ठ नवगीतकारों का संकलन किया गया और उनके नवगीतों में इस बात की पड़ताल की गई कि उनमें नवगीत के लक्षण विद्यमान हैं कि नहीं। नवगीत के लक्षणों के लिए नवगीतकारों की घोषणा इससे पूर्व की जा चुकी है।

नवगीत दशक भाग : एक

इस संग्रह में नईम, सोम ठाकुर, देवेन्द्र शर्मा 'इन्द्र', देवेन्द्र कुमार, भगवान स्वरूप 'सरस', उमाकान्त मालवीय, शिव बहादुर सिंह 'भदौरिया', रामचन्द्र 'चन्द्रभूषण', ठाकुर प्रसाद सिंह तथा शंभुनाथ सिंह के गीत संकलित हैं। इनमें से कइयों के संकलन भी प्रकाशित हो चुके थे, पत्रिकाओं में भी ये निरन्तर प्रकाशित हो ही रहे थे, अतएव निःसन्देह यहाँ उनका संग्रह एक औपचारिकता की पूर्ति भर नहीं है, बल्कि यह पूर्वोपलब्ध उद्देश्यों से आगे कुछ देने का प्रयास है। इस संकलन के अधिकांश कवि तीन या अधिक दशकों की यात्रा तय कर चुके थे। यहाँ उनके समग्र गीतात्मक लेखन का परिपाक प्रस्तुत किया गया है। स्वभावतः यह नवगीत का पौढ़तम समवेत संकलन कहा जा सकता है। साथ ही यह नवगीत के वृत्यात्मक आँकलन की दृष्टि से भी पूर्ण है।[46] नईम जीवन के कुरूप यथार्थ को उद्घाटित करते हुए लिखते हैं–

साम किसी ढाबे में सिकती हुई जल गई
काल-गर्ल सी रात उम्र के पूर्व ढल गई।[47]

इस संग्रह में डॉ. शंभुनाथ सिंह के विषय की विविधता है। वे युद्धोत्तर पीढ़ी के त्रास और जीवन की राजनीतिक, सामाजिक, विषमताओं का सुन्दर प्रतीकात्मक रूप प्रस्तुत करते हैं। आज के आदमी के विवश जीवन का एक चित्र है–

हम रबर के खिलौने
बिकते हैं सुबह औ साम
लिख गई अपनी किस्मत
साहजादों के नाम।[48]

इसी प्रकार अन्य गीतकारों ने भी इस संकलन में युगबोध को नई भाषा और नई अभिव्यक्ति में प्रस्तुत करने का अच्छा काम किया है।

नवगीत दशक भाग : दो

इस दशक में कुमार शिव, अनूप अशेष, राम सेंगर, ओम प्रभाकर, उमाशंकर तिवारी, कुमार रविन्द्र, गुलाब सिंह, श्री कृष्ण तिवारी, माहेश्वर तिवारी, अमरनाथ श्रीवास्तव के नवगीतों का संकलन उनके वक्तव्यों के साथ किया गया है। इस संग्रह की भूमिका में गीत काव्य के विकास का विवेचन करते हुए डॉ. शंभुनाथ सिंह ने नवगीत के सम्बन्ध में लिखा है—"नवगीत आधुनिकतावादी कविता है, किन्तु वह आधुनिकता को सार्वभौम और सार्वकालिक नहीं बल्कि देशकाल-सापेक्ष मानता है। अतः उसकी आधुनिकता भारतीय परिप्रेक्ष्यवाली विशिष्ट आधुनिकता है अर्थात वह पाश्चात्य आधुनिकता का अन्धानुकरण नहीं है। वह भारतीय परिस्थितियों के गर्भ से उत्पन्न यथार्थ और भोगी हुई अनुभूतियों की आधुनिकता है। वह नई कविता को अनुकृत और फैशनपरस्त आधुनिकता के समान भारतीय मानस के लिए अटपटी और अबूझ पहेली नहीं बल्कि समझी-बूझी और देखी-सुनी आधुनिकता है। नवगीत इसी भारतीय आधुनिकता को अभिव्यक्त करता है।[49]

नवगीत की केन्द्रीय विचारभूमि पर प्रकाश डालनेवाला उपर्युक्त दृष्टिकोण इस संग्रह में भी प्रतिफलित हुआ है। इस संग्रह के पहले कवि कुमार शिव ने अपने वक्तव्य में लिखा है कि 'नवगीत न तो कोई नारा है, न आन्दोलन। यह तो शब्दों का इच्छानुशासित जुलूस है जो नए बिम्बों और प्रतीकों के झंडे लेकर नए बाँध की जमीन पर निरन्तर आगे से आगे बढ़ता जा रहा है, किन्तु नवगीत के सामने खतरे भी हैं। यदि उसमें नई कविता के समान अनर्गल प्रयोगों की प्रवृत्ति पनपेगी और उसमें तथाकथित नवगीतकार शामिल होकर उसे फैशनपरस्त बनाने का प्रयास करेंगे तो उसमें विकृतियाँ उत्पन्न हो सकती हैं। जिस मिट्टी से गीत का जन्म हुआ है यदि उसकी गन्ध उसमें नहीं है, तो वह फिर कैसा गीत है ?[50] उनके एक गीत का उदाहरण है—

काट रहे हम दिन कपास-से।
    नाच रहे हम
    तकली जैसे,
    बज उठते हैं,
    ढपली जैसे,
हँसते हैं पर हैं उदास से।
    लिए पुस्तिका
    परिवादों की,
    जिल्द बँधी है
    अवसादों की,

कटे हुए हैं आस-पास से।[51]

इसी प्रकार इस संकलन के अन्य कवियों ने भी नवीन जीवन दृष्टि और नए शिल्प का प्रस्तुतीकरण किया।

इस काल के महत्वपूर्ण संकलनों के सम्बन्ध में डॉ. शंभुनाथ सिंह ने लिखा है—विकास के चतुर्थ चरण में कई नवगीतकारों के काव्य-संकलन भी प्रकाशित हुए। सातवें दशक के अन्त में ही उमाशंकर तिवारी का नवगीत संकलन 'जलते शहर में' (1968) प्रकाशित हो चुका था जिसमें पहली बार पाश्चात्य आधुनिकता का विकृतियों को नंगा करके प्रस्तुत किया था। इसी दशक में 'रवीन्द्र भ्रमर के गीत' (1967) रमेश रंजक कृत 'गीत-विहंग उतरा' (1969) और 'किरण के पाँव' (1970), शान्ति सुमन कृत 'ओ प्रतीक्षित' (1970) शीर्षक काव्य-संकलन प्रकाशित हुए जिनमें नवीनता तो है पर वे वास्तविक नवगीतों के संकलन नहीं हैं। आठवें दशक में प्रकाशित काव्य-संकलनों में से केवल ओम प्रभाकर कृत 'पुष्पचरित' (1973), उमाकान्त मालवीय कृत 'सुबह रक्त पलाश की' (1976), शंभुनाथ सिंह कृत 'जहाँ दर्द नीला है' (1977), अनूप अशेष कृत 'लौट आएँगे सगुन पंछी' (1980), सुरेश श्रीवास्तव कृत 'ऋतु वृन्दावन' (1980) और नईम कृत 'पथराई आँखें' (1980) ही सही अर्थों में नवगीतों के संकलन हैं। 'नवें दशक के पूर्वाद्ध में माहेश्वर तिवारी कृत 'हरसिंगार कोई तो हो' (1981), विनोद निगम कृत 'जारी हैं लेकिन यात्राएँ' (1981), श्रीकृष्ण तिवारी कृत 'सन्नाटे की झील' (1981) उमाकान्त मालवीय कृत 'एक चावल नेह रींधा' (1983) विशिष्ट नवगीत-संकलन हैं।[52]

नवगीत दशक भाग : तीन

1984 ई. में 'नवगीत दशक' भाग 3 का प्रकाशन हुआ जिसमें अखिलेश कुमार सिंह, राजेन्द्र गौतम, डॉ. सुरेश, सुधांशु उपाध्याय, विजय किशोर, यादवेन्द्र दत्त शर्मा, जहीर कुरेशी, बुद्धिनाथ मिश्र, दिनेश सिंह और विनोद निगम की रचनाएँ संकलित हैं। इस संकलन की भूमिका में डॉ. सिंह ने बताया है कि नवगीतकारों के क्रम में उन्हें कम-से-कम पचास ऐसे कवियों को पढ़ने का अवसर मिला जिनमें गीत काव्य की पारम्परिक दिशा को मोड़ने और युगीन परिस्थितियों से उत्पन्न नए भाव बोध की धारदार अभिव्यक्ति विद्यमान है। उनमें से तीनों दशकों में उन्होंने तीस प्रतिनिधि कवियों को चुना हैं।

इस संकलन तक काव्य-विधा के रूप मे प्रतिष्ठित हो चुके नवगीत की विशेषताओं के सम्बन्ध में उनका कहना है कि काव्य की श्रेष्ठता, शिल्प की ताजगी, लोक जीवन की सम्पृक्तता, राष्ट्रीयता की प्रखर चेतना और सांस्कृतिक परम्परा के दाय के वहन की दृष्टि से नवगीत पाश्चात्य परम्परावाली नई कविता से बहुत

आगे बढ़ा हुआ है। अतः निःसंकोच रूप से यह दावा किया जा सकता है कि सम्प्रति नवगीत ही समसामयिक हिन्दी कविता की मुख्य धारा है।

नवगीत की सबसे बड़ी उपलब्धि यह है कि वह छन्दाश्रित और लयात्मक है, जिससे वह लोक-मानव में सहज ही स्थान प्राप्त कर लेता है। उसमें न तो शास्त्रीय संगीतवाली शब्दातीत नाद-योजना है, न सुगम संगीत जैसी शब्दाश्रित रागबद्धता और फिल्मी गीतों जैसी काव्यहीन गायकी। नवगीत ऐसा काव्य है, जो अपनी नाद-योजनाा के कारण सस्वर पठनीय है, जाने-पहचाने बिम्बों की भाषा में अभिव्यक्त होने के कारण पाठकों-श्रोताओं के सहज बोधगम्य और स्मृति-ग्राह्य है, सामान्य जनता के दुख-दर्द होने के कारण लोकप्रिय है और अपनी काव्यगत के कारण विद्वानों द्वारा समादरणीय है।[53]

इस संकलन के सम्बन्ध में राजेन्द्र गौतम ने लिखा है कि पूर्व प्रकाशित नवगीत दशकों में जिस पीढ़ी को प्रतिनिधित्व मिला है, उसकी तुलना में इन गीतकारों को अपेक्षाकृत अधिक अभिशप्त एवं दाहक परिवेश में जीना पड़ा है। परिणामतः इस संग्रह के गीतों में तल्खी और व्यंग्यात्मकता आनुपातिक रूप में अधिक है।[45] इस संकलन में अखिलेश कुमार सिंह पहले कवि हैं। गीतों में देश के दर्द के साथ निज के दर्द को मिलाकर अपनी लाक्षणिक व्यंजना के साथ कवि ने कश्मीर घाटी के दर्द को उभारा है इसे उनके एक लघु गीत में देखा जा सकता है–

धुन्ध के बादल छँटे
दिन स्वर्ण पंखी हो गए।
बर्फ के पर्वत पिघलकर
झील में बदले,
चाँदनी लिखने लगी फिर
दूधियाँ गजलें,
शीत के सैनिक किसी
अन्धी गुफा में सो गए।
चीड़-बन ने फिर उठाई
धूप की वंशी,
लौट आए सान्ध्यगीतों
के सगुन पंछी,
दर्द के अहसास ठहरे
कहकहों में खो गए।[55]

इसी प्रकार अस्मिता का स्वर भी नवगीत उसी दर्द को बड़ी वेदना के साथ उभारता है–

हम नदी की धार में
बहते सिवारों से हुए

वक्त की तीखी छुरी ने
काट दी अपनी जड़ें,
अस्मिता का यह समर
अब हम भला कैसे लड़ें,
तेज आँधी में घिरे
जर्जर चिनारों-से हुए।[56]

उपर्युक्त गीत में 'तेज आँधी में घिरे', 'जर्जर चिनारों-से हुए' ऐसे बन्द हैं जो वेदना की आधारभूमि को संकेतिक कर देते हैं। इस गीत में देश की अस्मिता से जुड़ाव, भारतीय होने का दर्द और सीधी-सादी पर अत्यन्त दूरगामी व्यंजना प्रस्तुत करनेवाला दर्द एक साथ उभरा है।

इसी संग्रह में राजेन्द्र गौतम ने आज के बदले हुए गाँव का एक बड़ा ही सही चित्र प्रस्तुत किया है। गाँव कितने बदल गए हैं इसका नवगीत की भाषा में एक चित्र कवि प्रस्तुत करता है—

परम्पराओं-सा बरगद का
कटा हुआ वह तन,
बो देता है
रोम-रोम में
बेचैनी, सिहरन,
x x x
इस नक्से से
मिटा दिया है
किसने मेरा घर
मन्दिरवाली इमली की भी
घायल है अब छाँव।[57]

इस संकलन में अन्य गीतकारों में भी इसी तल्खी और व्यंग्य का अहसास होता है।

इस दशक योजना ने नवगीत के समग्र मूल्यांकन की दिशा को प्रशस्त किया और युगधारा के रूप में उसे प्रतिष्ठित करने का भी उसने श्रेय प्राप्त किया। डॉ. शंभुनाथ सिंह जितने समर्थ कवि हैं उतने समर्थ समीक्षक भी। अतः नवगीत के समीक्ष्य धरातल को प्रशस्त करने के लिए उन्होंने इस योजना को मूर्त रूप दिया।

यद्यपि तीस कवियों के चयन को वे बार-बार आधार प्रस्तुत करते हैं, फिर भी चयन में भूल सम्भव हो सकती है। परियोजना की उपादेयता सन्देह से परे है।

इस सम्बन्ध में राजेन्द्र गौतम का निष्कर्ष है–"इसमें कोई सन्देह नहीं कि डॉ. शंभुनाथ सिंह की यह नवगीत-दशक योजना सामयिक हिन्दी साहित्य के इतिहास में एक क्रान्तिकारी कदम है। इन तीन संकलनों के माध्यम से न केवल नवगीत के महत्त्वपूर्ण देय को सामने लाया गया है, बल्कि उसके ऐतिहासिक विकास-क्रम को समझने और मूल्यांकन करने का ठोस आधार भी प्रस्तुत किया गया है जो डॉ. शंभुनाथ सिंह की समर्पणशीलता का परिणाम है।...डॉ. शंभुनाथ सिंह ने प्रस्तुत योजना के रूप में जो कार्य किया है, उसकी जितनी प्रशंसा की जाए कम है, क्योंकि इससे एक इतिहास का निर्माण हुआ है।"[58]

इसका एक दूसरा भी पहलू है। गीतकार रमेशरंजक इस योजना में शंभुनाथ सिंह के झंडा बरदारी का दर्शन करते हैं और उनकी दृष्टि से इस प्रवृत्ति के कारण हिन्दी नवगीत का बड़ा अहित हुआ–आपात काल के बाद जब नवगीत के आचार्य गीत कवियों ने देश की बदलती हुई साहित्यिक, सांस्कृतिक, परिस्थितियों का विश्लेषण किया जब उन्हें अपने गीतकार की छवि डगमगाती हुई सी महसूस होने लगी–डॉ. शंभुनाथ सिंह बेहतर गीत लिखने के बजाय, नवगीत को भुनाने में लग गए और अपनी दोहन प्रक्रिया द्वारा नवगीत के विकास, ह्रास एवं बदलाव को टोहते हुए नवगीत दशक एक, दो, तीन के प्रकाशन के साथ नवगीत के झंड़ाबरदार के रूप में सामने आए और नवगीत अर्द्धशती तक आते-आते नवगीत और जनवादी गीतों की छवि को गड्डमगड्ड कर गए।...झंड़ाबरदारी की तुच्छ मनोवृत्ति 'पाँच जोड़ बाँसुरी' से चलकर 'नवगीत अर्द्धशती' तक आ चुकी है।[59]

रमेश रंजक मूलतः कवि हैं। इसलिए उन्होंने भावुकता में इन शब्दों का प्रयोग किया है, अन्यथा नवगीत यदि केवल जनवादी गीत होता तो नागार्जुन और त्रिलोचन उसके अग्रणी कवि होते जिन्होंने आपातकाल के बहुत पहले ही जनवादी गीतों की दिशा को अग्रसर किया था। श्री रंजक का यह कथन तो सही है कि आपातकाल ने इस देश की बौद्धिक चेतना और रचनात्मक मेधा दोनों को झकझोर दिया था किन्तु इसमें से केवल जनवादी चेतना का ही स्वर नहीं उभरा था। लोकतान्त्रिक चेतना की प्रतिष्ठा, लोकतान्त्रिक मुखौटे का खोखलापन और भारतीय अस्मिता की पहचान भी इसमें उभरकर सामने आई थी। इन समस्त चेतनाओं को दशकों के आयत्त करने का सराहनीय प्रयास शंभुनाथ सिंह ने किया है।

आपातकाल में नवगीतकारों ने अपनी व्यंग्यात्मक शैली में युगबोध को किस प्रकार उभारा इसका एक उदाहरण प्रस्तुत है। डॉ. कन्हैया सिंह ने आपातकाल के संस्मरणों में लिखा है–"मेरे मित्र कन्हैया लाल नन्दन ने अपनी पत्रिका 'पराग' के मुख पृष्ठ पर एक कविता छापी थी। वह कविता इस प्रकार थी–

सूरज के गाल पर जड़ दिए चाँटे,
धरती के दर्द को कौन भला बाँटे,
लू लेकर खोज रही हाथों में बेंत।
जोर-जोर से धूप लगा रही ठहाकें,
घर-घर में पड़ रहे गर्मी के डाँकें,
लगती है दोपहरी जैसे हो प्रेम।
देखकर पौधों की झुलसी हुई खाल,
चिन्ता में सूख गए पोखर व ताल,
गंजे की खोपड़ी का दिख रहा खेत।

इस कविता में ग्रीष्म का आतंक और त्रास वर्णित था। इसी के माध्यम से मैंने अपनी जेलवासी मित्रों को बाहर सत्ता के आतंक और त्रास का आभास कराया था।''[60]

इस प्रकार हम देखते हैं कि नवगीत दशक ने हिन्दी नवगीत को न केवल एक आधुनिक काव्यधारा के रूप में प्रतिष्ठित किया अपितु उसने नवगीत की तात्विक और शिल्पगत विशेषताओं को भी सामने लाकर इसकी पहचान को भी रेखांकित करने का प्रयास किया। इसमें गीत से नवगीत तक के विकास की भूमि को भी ध्यान में रखते हुए नव्यकाव्य की इतर सम्भावनाओं का भी पर्याप्त संकेत विद्यमान है। 'दशक' हिन्दी नवगीत के विकास की दिशा निर्धारित करनेवाले मील के पत्थर हैं।

इस काल का एक अत्यन्त महत्त्वपूर्ण प्रकाश 'नवगीत अर्द्धशती' है जो 1986 ई. में डॉ. शंभुनाथ सिंह के सम्पादन में प्रकाशित हुआ। इसमें निराला-माखनलाल चतुर्वेदी से लेकर युवापीढ़ी के नवगीतकारों तक कुल 81 कवियों के 243 गीत संकलित हैं। इसमें नवगीत के विकास के चरणों को रेखांकित किया जा सकता है। संकलन में कवियों को अकारादि क्रम से रखा गया है। यदि यह क्रम कालक्रम से रखा जाता तो विकासात्मक अध्ययन की दिशा अधिक स्पष्ट रहती। संकलन के आधार को स्पष्ट करते हुए सम्पादक ने लिखा है कि 'नवगीत अर्द्धशती' नवगीत का एक खुला मंच है, जिस पर पहुँचने के लिए गीत की नवता और आधुनिकता के अतिरिक्त और कोई भी शर्त या पाबन्दी नहीं रखी गई है। प्रस्तुत संकलन नवगीत की विकास यात्रा का एक समग्र दस्तावेज है, जिसमें निराला की गीतिका (1934) से लेकर सन् 1985 तक के उन सभी कवियों के ऐसे गीतों का चयन किया गया है, जिनमें नवगीत के तत्व किसी न किसी मात्रा में दृष्टिगत होते हैं। इस तरह इस संकलन में इस शताब्दी के चौथे दशक से लेकर नवें दशक तक के मध्य तक के पचास वर्षों में नवगीत की विकास यात्रा में योगदान देनेवाले ऐसे सभी कवियों के तीन-तीन गीत संकलित है, जिन्होंने जाने-अनजाने नवगीत का

बीजारोपण किया, उसे अंकुरित और पल्लवित किया तथा पुष्पित और फलित बनाकर पूर्णता की ओर ले जाने का अंशतः या पूर्णतः प्रयास किया।"[61]

इस ऐतिहासिक संकलन के पूर्व 1984 ई. में देवेन्द्र शर्मा 'इन्द्र' ने 'यात्रा में साथ-साथ' नामक एक संकलन प्रकाशित किया जिसमें सम्पादक के साथ माहेश्वर तिवारी, कुमार रवीन्द्र, योगेन्द्र दत्त शर्मा, राजेन्द्र गौतम, घनश्याम अस्थाना, बाबूराम शुक्ल, श्यामसुन्दर दुबे, श्याम निर्मम और हरीश निमग के नवगीत संकलित हैं। इस संकलन में संकलित सभी कवि नवगीत की विभिन्न मुद्राओं को अपने-अपने व्यक्तित्व के अनुरूप अभिव्यक्ति देने में सफल रहे हैं।[62] कहा जा सकता है कि इस संकलन ने तथा शंभुनाथ सिंह और देवेन्द्र शर्मा 'इन्द्र' के विचार-विमर्श की फलश्रुति के रूप में ही 'नवगीत अर्द्धशती' की योजना सामने आई।

71 से 85 तक के डेढ़ दशक में जिन नवगीतकारों के संग्रह प्रकाशित हुए, उनमें से कुछ को पहले ही गिनाया जा चुका है, जिन्हें शंभुनाथ सिंह शुद्ध नवगीत की कोटि में मानते हैं। उनके अतिरिक्त बाल स्वरूप राही का संग्रह 'जो नितान्त मेरी है' 1971 में, देवेन्द्र शर्मा 'इन्द्र' को 'पथरीले शोर में', 1972 में, कुँवर बेचैन का पिन बहुत सारे 1972 में, नचिकेता का 'आदम कद खबरें' 1973 में, रमेश रंजक का 'हरापन नहीं टूटेगा', 1974 में शंभुनाथ सिंह का 'जहाँ दर्द नीला है' 1977 में, शान्ति सुमन का 'परछाई टूटती' 1978 में देवेन्द्र शर्मा 'इन्द्र' का 'पंख कटी मेहराबे' 1978 में, वीरेन्द्र मिश्र का 'झुलसा है छाया-नट धूप में' 1980 में, कुमार रवीन्द्र का 'आहत हैं वन' 1984 में, रमेज रंजक का 'दरिया का पानी' 1984 में, विनोद निगम का 'जारी हैं लेकिन यात्राएँ' 1981 में, श्रीकृष्ण तिवारी का 'सन्नाटे की झील' 1981 में, बुद्धिनाथ मिश्र की जाल फेंक रे मछेरे' 1983 में, स्व. उमाकान्त मालवीय का 'एक चाव नेह रींधा' 1983 में, रमेश रंजक का 'गीत पर्व आया' 1983 में, गुलाब सिंह का 'धूल भरे पाँव' 1992 में प्रकाशित हुए। और भी बहुत से संग्रह प्रकाशित हुए हैं। जिनके संग्रह प्रकाशित नहीं हो सके लेकिन पत्र-पत्रिकाओं में जिनके नवगीत छपते रहते हैं ऐसे भी एक दर्जन से भी अधिक नवगीतकार हैं। नवगीत के विकारा का गह संक्षिप्त इतिवृत्त यह प्रमाणित करने के लिए पर्याप्त है कि नवगीत ने यात्रा वृद्धि के साथ अपने स्तरोन्नयन में भी काफी विकास किया है। इस विकास-यात्रा में हर नवगीतकार का योगदान है और उत्तरभारत की उन समस्त पत्र-पत्रिकाओं का योगदान हैं जिन्होंने बराबर उभरते हुए नवगीतकारों को प्रकाशन दिया। साथ ही यह भी महत्वपूर्ण है कि नवगीत को रचना के धरातल से लेकर उसकी वैचारिक पृष्ठभूमि को रेखांकित करने के समीक्षात्मक निकर्ष के निर्माण और नवगीतकारों की संगोष्ठियों, सम्मेलनों और संकलनों के द्वारा उन्हें इस दिशा में अग्रसर होने की प्रेरणा देने का महनीय कार्य डॉ. शुंभनाथ सिंह ने किया जो नवगीत के शिल्पी भी है और नवगीत के व्याख्याता भी।

सन्दर्भ

1. नवगीत अर्द्धशतीः, शंभुनाथ सिंह, पृ.स. 7/2. वही, पृ. सं. 8/3. वही, पृ. सं. 8/4. वही, पृ. सं. 9, 10 व 11/5. हिन्दी नवगीत, सन्दर्भ और सार्थकता, डॉ. वेदप्रकाश 'अमिताभ', डॉ. रंजना शर्मा, पृ. 13/6. नवगीत, पृ. 69, प्रवेशांक 1987/7. नवगीत अर्द्धशती (भूमिका) पृ. स. 12/8. समकालीन हिन्दी कविता का परिप्रेक्ष्य और नवगीत (डॉ. शंभुनाथ सिंह), पृ.स. 87/9. नवगीत अर्द्धशती, सं. शंभुनाथ सिंह, पृ. सं. 15/10. हिन्दी नवगीत उद्भव और विकास, राजेन्द्र गौतम (नाराशंसी) पृ. सं. 2/11. वही, पृ. सं. 3/12. धूलभरे पाँव, गुलाब सिंह (भूमिका) पृ. सं. 3/13. गीतान्तर, सम्पादक डॉ. उमाशंकर तिवारी, डॉ. मूलचन्द शर्मा, पृ. सं. 12/14. सुबह रक्त पलाश की, उमाकान्त मालवीय, भूमिका/15. हिन्दी नवगीत उद्भव और विकास, राजेन्द्र गौतम, पृ. सं. 145/16. नवगीत दशक भाग दो, डॉ. शंभुनाथ सिंह, पृ. सं. 14, 15 व 16/17. नवगीत के प्रतिमान तथा आयाम, डॉ. शिवनारायण सिंह, पृ. 10-23/18. हिन्दी नवगीत, उद्भव और विकास, राजेन्द्र गौतम, पृ. सं. 254/19. हिम किरीटिनी में संकलित।/20. राष्ट्रीय काव्यधारा, सं. डॉ. कन्हैया सिंह, पृ. 82/21. नवगीत अर्द्धशती, पृ. 287/22. नवगीत–सन्दर्भ और सार्थकता, सं. वेदप्रकाश अमिताभ, पृ. 13/23. वही, पृ. 14/24. नवगीत अर्द्धशती (भूमिका) पृ. 14/25. गीतान्तर, सं. उमाशंकर तिवारी, पृ. 14/26. राष्ट्रीय काव्यधारा, सं. डॉ. कन्हैया सिंह, पृ. 106/27. वही, पृ. 134/28. बंशी और मादल, ठाकुर प्रसाद सिंह, पृ. 9/29. नवगीत अर्द्धशती, सं. शंभुनाथ सिंह, पृ. 132/30. गीतायन, डॉ. जितेन्द्रनाथ पाठक, डॉ. विश्वनाथ प्रसाद, पृ. 11, 12/31. नवगीत अर्द्धशती, पृ. 106/32. वही, पृ. 270/33. वही, पृ. 214/34. वही, पृ. 86/35. हिन्दी नवगीत : उद्भव और विकास, राजेन्द्र गौतम, पृ. 38/36. वही, पृ. 104/37. वही, पृ. 109/38. वही, पृ. 109/39. किरातनदी में चन्द्रमधु, कुबेरनाथ राय, पृ. 32/40. हिन्दी नवगीत : उद्भव और विकास, राजेन्द्र गौतम, पृ. 110/41. वही, पृ. 111/42. नवगीत अर्द्धशती, पृ. 17/43. नवगीत अर्द्धशती (भूमिका), पृ. 18/44. नवगीत अर्द्धशती, पृ. 19/45. वही, पृ. 19/46. नवगीत : उद्भव और विकास (राजेन्द्र गौतम), पृ. 47/47. नवगीत दशक : भाग 1, पृ. 20/48. वही, पृ. 133/49. नवगीत दशक : भाग 2, पृ. 14/50. वही, पृ. 21 व 22/51. वही, पृ. 23/52. नवगीत अर्द्धशती, पृ. 20/53. नवगीत दशक : भाग तीन, पृ. 6/54. हिन्दी नवगीत : उद्भव और विकास, पृ. 55/55. नवगीत दशक : भाग तीन, पृ. 20/56. वही, पृ. 23/57. वही, पृ. 32/58. नवगीत : उद्भव और विकास (राजेन्द्र गौतम), पृ. 60/59. हिन्दी नवगीत : सन्दर्भ और सार्थकता (डॉ. वेदप्रकाश 'अमिताभ'), पृ. 22 व 23/60. अँधेरे के अध्याय (डॉ. कन्हैया सिंह), पृ. 103/61. नवगीत अर्द्धशती, पृ. 35/62. हिन्दी नवगीत : उद्भव और विकास (राजेन्द्र गौतम), पृ. 62

2

नवगीत की उद्‌भव प्रक्रिया और शंभुनाथ सिंह

आधुनिक हिन्दी कविता में छायावाद का उत्कर्ष 1935-36 में अपने चरम बिन्दु पर पहुँचा था जब जयशंकर प्रसाद की कामायनी प्रकाशित हुई थी। उसके पहले प्रसाद के आँसू, लहर, पन्त के वीणा, पल्लव, गुंजन और निराला के अनामिका, अणिमा आदि प्रकाश में आ चुके थे। महादेवी वर्मा के रश्मि, नीहार, नीरजा के गीत-संग्रह प्रकाशित हो चुके थे और रामकुमार वर्मा के गीत भी चर्चित हो चुके थे। 1936 ई. में ही भारत में प्रगतिशील लेखक संघ की स्थापना हुई जिसका पहला अधिवेशन प्रेमचन्द की अध्यक्षता में लखनऊ में हुआ। इसी समय से हिन्दी कविता का स्वर भी बदलने लगा। छायावाद जो कभी द्विवेदी युगीन इतवृत्तात्मकता को तोड़नेवाला लाक्षणिक प्रतीकात्मक, सूक्ष्म और प्रेम की अमांसल अभिव्यक्ति करनेवाला तथा प्रकृति का मानवीकरण करके उसमें चेतन सत्ता की प्रतिष्ठा करनेवाला काव्य कहकर सराहा जाता था, अब एक ह्रासोन्मुख और क्षयोन्मुख काव्य धारा के रूप परिभाषित किया जाने लगा। उसमें व्यक्तिवाद, पलायनवाद, निराशावाद और यथार्थ विरोधी काल्पनिकता की छाया देखी जाने लगी। इस प्रवृत्ति के कारण निराला, पन्त, अंचल, जैसे श्रेष्ठ छायावादी कवि भी प्रगतिशील काव्य के क्षेत्र में उतर आए। प्रतिष्ठित कवियों में केवल महादेवी वर्मा छायावाद की दीपशिखा को जलाती रहीं और उसे तब तक उन्होंने युग के थपेड़ों से बचाए हुए सुरक्षित रखा जब तक नए कवियों ने उसे नवगीत की देहरी तक नहीं पहुँचा दिया।

उपर्युक्त परिस्थितियों के कारण ही 1935 के बाद के गीतों को हम छायावादोत्तर कहते हैं। इस छायावादोत्तर युग के प्रारम्भ में ही गीत की धारा दो दिशाओं में बहती हुई दिखाई दी। एक दिशा वह थी जिसे गीत की स्वच्छन्द धारा या स्वच्छन्द प्रेम की धारा भी कह सकते हैं। इस धारा के प्रमुख कवि हरिवंश राय बच्चन, बलवीर सिंह रंग, श्रीपाल सिंह 'क्षेम' गोपालदास नीरज आदि थे और दूसरी धारा के दिशा-निर्देश निराला और पन्त के गीतों से ही प्राप्त हो गए थे जो प्रेम

के साथ ही लीक की इतर सम्भावनाओं को भी आयत्त किए हुए थे। स्वाभवतः ही स्वच्छन्द प्रेमवादी गीतों की शैली जहाँ कवि सम्मेलनी और कंठ प्रधान थी, दूसरी धारा के कवियों की शैली प्रयोग प्रधान थी जिसमें अभिजात प्रयोग भी थे और लोक काव्य की अनुकृति भी थी। डॉ. शंभुनाथ सिंह ने कविता लिखना तो 1935 से पहले ही शुरु कर दिया था पर उनका पहला संकलन 'त्रिधारा' नाम से 1935 में आया जिसमें तीन कहानियाँ काव्यबद्ध है। अतः इस प्रकाशन का उनके गीतकार व्यक्तित्व से कोई सरोकार नहीं है। उनकी दूसरी रचना 'रूपरश्मि' 1941 में प्रकाशित् हुई जो गीतों का संग्रह है। इसी क्रम में क्रमशः 1944 में 'छायालोक' 1946 में 'उदयाचल' नामक गीत संग्रहों का प्रकाशन हुआ। ये तीनों ही संग्रह उनके छायावादोत्तर गीत-परम्परा के अन्तर्गत आनेवाली रचनाओं के संग्रह हैं और प्रस्तुत अध्याय में इन्हीं तीन संग्रहों के आधार पर हम यह देखने की कोशिश करेंगे कि नवगीत के, उद्‌भव में पन्त और निराला के साथ डॉ. शंभुनाथ सिंह की रचनाओं की क्या भूमिका रही और उस भूमिका के कौन-कौन से आयाम रहे ?

शंभुनाथ सिंह के उत्तर छायावादी युग के व्यक्तिपरक प्रेम गीत स्पष्ट, तीव्र और खुले हुए प्रेम-संवेग लेकर प्रकट हुए थे। छायावाद की छायाभासी प्रेम-व्यंजना जिसमें रहस्यात्मकता का मिश्रण था उसके विरोध में प्रेम संवेग की खुली अभिव्यक्ति को प्रेम के यथार्थ चित्रण के रूप में उत्तर छायावादी कवियों ने अपनाया था। इस अभिव्यक्ति के अनुरूप ही इन कवियों की अभिव्यक्ति का स्वरूप भी बड़ा सीधा-सादा और वेगवान था। यही कारण है कि उत्तर-छायावादी गीतों ने अधिकतर मंचीय कवियों को जन्म दिया जिनमें कला-गला के साथ-साथ कथ्य के रूप और वेदना की सीधी अभिव्यक्ति का ही आकर्षण था। इसी के अनुरूप इस धारा के कवियों की भाषा में भी लोकभाषा का खुलापन था। उसमें छायावादी भाषा की छद्‌मता, दुरुहता और अभिजात्य का अभाव था। इन कवियों में हरिवंश राय 'बच्चन' ने प्रेम के साथ ही कहीं-कहीं अपनी संवेदना को जिजीविषा और मृत्युबोध के साथ जोड़कर कुछ दार्शनिक धरातल प्रदान किया है। शेष में प्रेम और विरह के सपाट गीत हैं। डॉ. शंभुनाथ सिंह इस दौर में प्रेम की वैयक्तिक चेतना के ही कवि हैं किन्तु इनकी विशेषताएँ हैं कि प्रारम्भिक चरण से ही उनकी सामाजिक चेतना भी साथ-साथ जागृत मिलती हैं।

डॉ. रामदरश मिश्र ने इनकी प्रारम्भिक रचनाओं की विशेषता को निरुपित करते हुए लिखा है—शंभुनाथ सिंह की प्रारम्भिक कविताओं में विशेषतया विरह और अभाव की तड़पन है। जगह-जगह मिलन की कल्पना की गई है। विरह और मिलन का कोई प्रत्यक्ष या निश्चित आलम्बन होता है, तब प्रेमी उसके साहचर्य में आकर उसके सौन्दर्य को उसके पूरे व्यक्तित्व के साथ सम्पृक्त करके देखता और अनुभव करता है, उसका अभाव उसके पूरे व्यक्तित्व का अभाव होता है और वह हृदय

में बहुत गहराई और प्रामाणिकता से अनुभव की अनेक संश्लिष्ट रेखाएँ और बिम्ब उभारता है। अन्य कवियों के साथ शंभुनाथ सिंह भी इन कविताओं में किसी निश्चित प्रेम-आलंबन के अभाव में हर सौन्दर्य के पीछे प्यासे-प्यासे भागते और फिर एक काल्पनिक मिलन की योजना कर लेते प्रतीत होते हैं। इसीलिए इन गीतों में प्रेम के अतिरेक के बावजूद प्रेम का कोई गहरा संश्लिष्ट और विशिष्ट बिम्ब नहीं उभर पाता। उसके बाद की कविताओं में प्रेम का वायवी नहीं, मांसल रूप उभरकर ऊपर हुआ है। उदाहरण के लिए शंभुनाथ सिंह का बहुचर्चित गीत 'किसी के रूप के बादल' लिया जा सकता है। पूरी कविता उत्तेजना के स्वर पर सर्जित है। प्यार की प्रतिक्रिया सम्बन्धी कविता 'तुम्हारे प्यार के क्षण' भी ली जा सकती है। सौन्दर्य और प्यार जिस प्रकार एक किशोर मन को एक मादक उत्तेजना से तथा एक मोहन 'इल्यूजन' से भर देता है, इसकी गुंजाइश इस कविता में है।[1]

डॉ. शंभुनाथ सिंह के इन प्रारम्भिक प्रेमपरक गीतों में किशोर हृदय की रोमानियत का दर्शन होते हैं। प्रेम के उद्दाम प्रवाह में भी इनकी यह विशेषता तो लक्षित की ही जा सकती है कि उनके गीतों की बुनावट काव्य-सुलभ होती है। उसमें रोमानियत भी अभिव्यंजनागत बिम्बों और विरोधाभासों के कारण गहराई तक पाठ या श्रोता को छू लेती हैं। उदाहरण के लिए उनकी एक सहज प्रेमपरक रचना को देखा जा सकता है–

तुम्हारे पास ज्यों-ज्यों आ रहा मैं
स्वयं से दूर होता जा रहा मैं
चलीं उद्दाम तुम निर्झर-लहर बन
गिरा तट पर खड़ा मेरा बिटप मन
लता पर छूट वह मुझसे गई क्यों
बने बरदान जिसके बाहु बन्धन
कहीं मुझको बहाती जा रही तुम
मगर निज को डुबोता जा रहा मैं।

अपनी कविता में ही वे इस बात को स्वीकार करते हैं कि उनके गीत प्रेम की धारा को ही अभिव्यक्त करते हैं किन्तु जो रुमानी प्रेम है वह बालू की भीत की तरह क्षणिक होता है और उसमें स्थिरता नहीं होती–

धारा सी प्रीति बह रही।
X X X
बालू की भीत ढह रही
धारा सी प्रीति बह रही

इनके गीतों में बीते हुए दिनों की स्मृतियां बिम्बों में उभरकर आती हैं। बीते हुए क्षण काल्पनिक हैं या यथार्थ, यह तो स्वयं कवि बता सकता है या उसके सहयात्री, पर इतना तो अवश्य उनसे व्यंजित होता है कि कवि के प्रेम गीतों का यह काल अधिकतर पूर्व स्मृतियों के मोहक चित्रों से भरा हुआ है और उसका वर्तमान उन स्मृतियों की कसक और वेदना का ही काव्यमय लेखा जोखा है। ऐसे ही एक चित्र में झरते हुए फूलों और घने कुंज के बिम्बों से कवि अपनी स्पृहणीय स्मृतियों को उतारता है–

हैं झर रहे फूल बीते क्षणों के
तेरी चकित दृष्टि
करती सुधा वृष्टि
छिपकर घने कुंज में गत दिनों के

ऐसी स्मृतियों का दंश जो विषमय है वही कवि को अमृतत्व प्रदान करता है। वही विरोधाभासों की परिपूर्ण योजना के साथ एक संश्लिष्ट स्मृति प्रकृति की पृष्ठभूमि का आश्रय ग्रहण करके कवि के गीत में उतर पड़ती है जो अपनी वक्रता, व्यंजकता, अभिव्यंजना और अनुभूति के कारण समसामयिक रचनाकारों के प्रेमगीतों से अलग अपनी पहचान बना देती है–

भर गया सजल घन से नभ का सूना आँगन
सूने नयनों में उमड़ पड़े दो भरे नयन
बिजली बन चमके चपल चरण दो रागारूण,
रिमझिम बूँदों में बरस पड़ी पायल रुनझुन,
मृत मन को जिला गया सुधि का विषमय दंशन
रीते नयनों में दुलक पड़े मधु भरे नयन।

'रूप रश्मि' कवि की पहली काव्यकृति है किन्तु उसमें सामान्य प्रेम कविता से एक अलग ही चित्र दिखाई देता है जो भविष्य की कवि की कल्पना को उजागर करने के लिए पर्याप्त है। त्रिलोचन शास्त्री ने 'रूप रश्मि' के गीतों के वस्तु-विषय के सम्बन्ध में लिखा है–'इस प्रकार 'रूपरश्मि' को पढ़ते समय उपर्युक्त विचारों की सापेक्ष्यता में मुझे नवीनता का आभास मिला। रूपरश्मि की भाव-भूमि पर पहुँचकर जो कुछ देखने में आता है वह बहुत कुछ मौलिक, स्वस्थ और सुन्दर है। इसमें पूर्व प्रवृत्तियों का यथारूप ग्रहण कहीं नहीं है। जो कुछ भाव प्रदर्शित हैं वे अपनी सौन्दर्य-परिधि के भीतर।' 'रूपरश्मि' का कवि जिस विषय पर कविता करता है उस पर अपने प्रभाव का रंग चढ़ा देता है। किसी वस्तु-विषय को वह जैसा कुछ अपने हृदय में अनुभव करता है वैसा ही प्रस्तुत करता है। जीवन की आशा-निराशा,

विजय-पराजय, हानि-लाभ इत्यादि अवस्थाओं का जैसा चित्र वह अपने में और अपनी परिस्थिति में देखता है उसे निर्व्याज अंकित करता है।[2]

'रूप रश्मि' में सौन्दर्य और रूप-चित्रण के साथ अपूर्व भाव-रश्मि की सम्पदा विद्यमान है। उसमें प्रणय की सहज स्वीकृति है और प्रथम मिलन की सहज, सीधी और मोहन व्यंजना भी है। इस कोटि के गीतों में प्रसाद के 'आँसू' की छाया अवश्य-दृष्टिगोचर होती है पर इसमें 'आँसू' की अभियंजनागत दुरुहता नहीं है। सहजता ही इसका मूल धर्म और आकर्षण है। जिस प्रेषणीयता के गुण की अपने परिपक्व जीवन में कवि बार-बार वकालत करता है वह सहज प्रेषणीयता उसके इस प्रथम संग्रह की रचनाओं में भी विद्यमान है–

एक क्षण का मधु दर्शन
नयन-घट की स्निग्ध छलकन
युगल उर में युगल-जीवन
मिलन का बन्धन अमर हो।

इसमें जीवन के प्रति कवि का लगाव झलकता है। वह जीवन की उलझनों से घबराकर पलायन करने का विश्वासी नहीं है बल्कि वह उलझनों को सुलझाने का व्रती है–

मैं सुलझाने में व्यस्त कठिन
जो जग जीवन की उलझन है।

वह आत्मविश्वास के साथ जीवन को नई परिभाषा देने की भी बात करता है–

मैं नए सिरे से सीख रहा
जीवन की महती परिभाषा।

वह रुकने की अपेक्षा चलना जीवन का धर्म समझता है। रुकना मृत्यु है और चलना जीवन है। यही भारतीय तत्व-चिंतन के मूलन स्रोत उपनिषदों का सिद्धान्त है–चरैवेति चरैवेति। कवि विश्वास पूर्वक कहता है–

मत रुको, हमें बस चलना है,
मत भूलो, दुनिया छलना है,
हम चलें क्योंकि रुकना ही,
मृत्यु और चलना ही है जीवन !

हम लक्ष्य कर सकते हैं कि अपने काव्य-जीवन के इस प्रथम उत्थान में ही कवि सौन्दर्य और प्रेम की अभिव्यक्ति के साथ ही भारतीय परम्परा की जीवनगत निरन्तरता और उसके अमृत बोध को बीज रूप में ग्रहण कर लेता है और यही

चेतना उत्तरोत्तर विकास करती हुई अंतिम चरण तक जाते-जाते पूर्णता को प्राप्त कर लेती है। यहाँ यह भी ध्यान देने की बात है कि व्यक्ति चेतना के इस काव्य युग में भी कवि की समूह चेतना विच्छिन्न नहीं है। उसमें व्यक्ति के साथ समूह की चिन्ता के अंकुर भी यहीं से विद्यमान मिलते हैं। त्रिलोचन शास्त्री के अनुसार 'आधुनिक दृष्टि से काव्य के माध्यम से जीवन को समझाने और उन्मेषपूर्ण करने के लिए जो साधना समूह के हृदय से उच्छ्वसित हो रही है, 'रूप रश्मि' उसी का एक सर्ग है।'[3]

'रूप रश्मि' में जो दूसरी विशेषता हमें दीख पड़ती है जिसका प्रभाव और उत्तरोत्तर विकास कवि के भावी काव्य-विकास पर पड़ता है, वह है प्रकृति के सहज रूप का चित्रण। प्रकृति ही उस परिवेश का निर्माण करती है जिस पर प्रेम भाव का अंकन होता है। छायावाद में ही प्रकृति के इस परिवेश को काव्य का आधार बनाया था। उसकी प्रकृति भी रहस्यमयी है। उसमें चेतना का स्पन्दन तो है, पर वह सहज लोक से परे किसी कल्पना लोक की वस्तु बन जाती है। शंभुनाथ जी ने उसे उसके सहज रूप में प्रारम्भ से ही देखा है। उसमें आवश्यक अलंकृति तो है, पर अतिमानवीयता और अतीन्द्रियता नहीं। एक स्वाभाविक प्रकृति-चित्र देखिए—

उलझ सन्ध्या के चरण से
जब फटा उस ओर बादल
कूद आई रंध्र से रंगीन
रवि की किरण चंचल !
बन गया रवि का सुनहला
जलद सिंहासन मनोहर।

तीसरी विशेषता जो 'रूप रश्मि' को समसामयिक छायावादोत्तर गीतकाव्यों से पृथक करती है, वह लोक चेतना है। लोक जीवन की मधुर झाँकी इसी संग्रह में साफ-साफ दिखाई देने लगती है। आगे चलकर लोक तत्व, लोक सम्पृक्ति और लोकाराधन की जो प्रतिष्ठा नवगीत में होती है, उसके तन्तु यहाँ विद्यमान मिलते हैं। इस सम्बन्ध में कुमार हेमन्त ने ठीक ही लिखा है कि 'डॉ. शंभुनाथ सिंह के प्रथम काव्य संग्रह 'रूप रश्मि' में नवगीत के बीज दिखाई पड़ते हैं। भारतीय जन-जीवन और लोक चेतना से जुड़ाव डॉक्टर साहब में प्रारम्भिक दौर में ही दिखाई पड़ता है। 'कृषक वधू' शीर्षक कविता में ग्रामीण जन-जीवन को बखूबी दर्शाया है—

खूट कर आँचल मैं, खेत में प्रिय संग निराती।
क्या कहूँ हँसती हँसाती, कौन मैं आनंद पाती।
इस तरह हैं बीतते दिन, बीत जाता दुःख सारा।
इस तरह हैं बीतते दिन, बीत जाता दुःख सारा।

मैं प्रकृति की कल किशोरी, शशिकला सी कृषक बाला।[4]

इस प्रकार की सहज भाषा का सहज सौन्दर्य तथा जन-जीवन का अनलंकृत बेबाक चित्रण पंत की 'ग्राम्या' की स्मृति दिलाता है।

डॉ. ब्रज विलास ने लोकगीतों के तत्व को ही उनके प्रारम्भिक काव्य में काव्य की नई भूमिका कहा है–"शंभुनाथ सिंह के काव्य की नई भूमिका सबसे पहले उनके लोक गीतों के तत्वों को लेकर लिखे गए गीतों में दिखाई पड़ी। लोक-जीवन और लोक-भावों की सहज अभिव्यक्ति के लिए इस सशक्त माध्यम का प्रयोग उनकी मौलिक प्रतिभा की सूझ है। साथ ही आवेगों और संवेदनाओं के उद्दाम और सहज रूप को अधिक पूर्णता से अभिव्यक्ति देने के लिए उन्होंने लोक गीतों के लोक तत्वों का प्रयोग किया। लोक तत्वों ने गीतों में नवीनता और सहजता का सौन्दर्य तो उत्पन्न किया ही, साथ ही उनके प्रतीकात्मक महत्व ने नए सौन्दर्य में और नए अर्थ में उनके प्रयोग की सार्थकता भी सिद्ध कर दी।"[5]

इस प्रकार यह सहज ही देखा जा सकता है कि डॉ. शंभुनाथ सिंह के प्रथम काव्य-संग्रह रूप रश्मि में छायावादी युग की भावुकता और रोमानियत का रंग विद्यमान है। इसके सम्बन्ध में भी डॉ. ब्रजविलास ने स्पष्ट लिखा है कि आधुनिक कविता को छायावाद के कल्पना लोक से हटाकर पार्थिव लोक में लाने का श्रेय बच्चन को है। कविता को यथार्थ भावभूमि पर प्रतिष्ठित करने और सहज अनुभूतियों से युक्त करने का कार्य उन्होंने किया। इसी समय शंभुनाथ सिंह ने व्यक्तिगत यथार्थ को कलात्मक ऊँचाई देकर गीत-कविता के एक नए स्तर का प्रवर्तन किया। बच्चन और शंभुनाथ सिंह के कलात्मक स्तर में ही अन्तर नहीं है, बल्कि अनुभूतियों और संवेदनाओं के स्तर में भी भिन्नता है। बच्चन की अनुभूतियाँ अधिक सामान्य हैं, व्यक्तिगत जीवन की सामान्य अनुभूतियों को भी उन्होंने व्यक्त किया है। कविता में वस्तु का चुनाव और उसका कलात्मक स्थापन अत्यन्त आवश्यक होता है। शंभुनाथ सिंह के गीत बच्चन के गीतों से इसी कारण भिन्न स्तर के मालूम होते हैं कि उनमें अनुभूतियों का चुनाव और उनका कलात्मक रूपायन हुआ है।"[6] अतः यह लक्ष्य किया जा सकता है कि 'रूप रश्मि' की कविताओं में भी छायावादी वायवीपन और रहस्यात्मक जटिलता का अभाव तो है ही, साथ ही उसमें जीवन के सहज यथार्थ को अभिव्यक्त किया गया है, भले ही वह यथार्थ किशोर हृदय की प्रेमपरक भावनाओं का हो। इस काल की कविताओं में प्रेम की सूक्ष्म किन्तु सहज अभिव्यक्तियाँ हैं। इनमें भावना के धरातल का स्पर्श है और मांसलता का अभाव है।

डॉ. शंभुनाथ सिंह का दूसरा गीत संग्रह 'छायालोक' है। छायालोक' शब्द को दो अर्थों में देखा जा सकता है। एक तो छाया और लोक के योग से इसका अर्थ हुआ छाया का लोक। अर्थात् अस्फुट प्रेम-भाव के गीत का लोक। छाया से

छायावादी प्रभाव की ध्वनि भी ग्रहण की जा सकती है जो अपने सम्पूर्ण शिल्पगत वैशिष्ट्य के साथ तो इनकी कविताओं में नहीं उभरा है, बल्कि प्रेम, सौन्दर्य, प्रकृति के निरुपण के तात्विक सन्दर्भ में इनकी भावभूमि छायावादी ही कही जाएगी। इस प्रकार इस संग्रह के नाम में छायावादी लोक के गीतों के संग्रह की ध्वनि ग्रहण की जा सकती है। दूसरे इसमें छाया और आलोक के योग से छायालोक की व्युत्पत्ति मानें तो इसमें छायामासी और आलोक प्रदान करनेवाली रचनाओं का संग्रह अभिप्रेत माना जा सकता है। प्रसिद्ध समीक्षक डॉ. शिवनाथ ने इसकी यही व्युत्पत्ति मानी है। उनके अनुसार 'छायालोक' में छाया और आलोक दोनों दृष्टिगत होते हैं अर्थात् उसमें आशा और निराशा दोनों के गान हैं। इसी बात को इस प्रकार कहूँ कि उसमें जीवन से निवृत्ति भी है और उसकी ओर प्रवृत्ति भी। 'छायालोक' की अभिधेयता मैं इसी रूप में ग्रहण कर सका। सुधी पाठकों ने देखा होगा कि उसमें जीवन से निवृत्ति कम है और उसके प्रति प्रवृत्ति अधिक। कुछ स्थल ऐसे भी देखे होंगे जहाँ कवि निराशा से अभिभूत तो दृष्टिगत होता है परन्तु उसने हिम्मत नहीं हारी है, ऐसी अवस्था में भी उसमें जीवन के प्रति आशा और विश्वास है।[7]

'छायालोक' कवि के काव्य-जीवन के उत्कर्ष का पहला मील का पत्थर है। यदि कवि के काव्य-जीवन के उद्भव काल की रचनाओं में उसकी प्रतिनिधि रचना का विचार करना हो तो यही संग्रह सामने आता है। शंभुनाथ की सम्पूर्ण काव्य-यात्रा में 'छायालोक' एक बड़ी ही सशक्त कृति है जिसमें छायावाद के प्रभाव से युक्त उसके उत्तरकालीन सन्दर्भों के स्वच्छन्दतावादी प्रेम की धारा में इसे भी श्री बच्चन, अंचल, नरेन्द्र शर्मा आदि की किसी भी श्रेष्ठ गीति-रचना के समकक्ष रखा जा सकता है। इसी संग्रह में कवि की सबसे प्रसिद्धि प्राप्त करनेवाली रचना 'समय की शिला पर' संगृहीत है। कहने की आवश्यकता नहीं कि अपने समय में इस एक गीत ने प्रसाद के 'आँसू' की तरह ख्याति प्राप्त की। इस कालजयी अमर गीत का तो इसी अध्याय में अलग स्वतंत्र रूप से विचार किया जाएगा। यहाँ 'छायालोक' संग्रह की समग्र सामान्य विशेषताओं को इंगित करना उचित होगा।

'छायालोक' की तुलना यदि उनके पूर्व संग्रह 'रूप रश्मि' से की जाए तो दोनों में स्पष्ट रूप से एक विकास का चरण लक्षित किया जा सकता है। पहले संग्रह की रचना में एक किशोर भावुक अंतःकरण की रंगीनी, प्रेम की आशा-निराशा और रोमानी चुहुल अधिक दिखाई पड़ती है। वही कवि 'छायालोक' में आकर प्रेम को एक जीवन-दर्शन का स्वरूप प्रदान करता है। यहाँ कवि का प्रेम-विरह एक जागतिक संदर्भ को लेकर अभिव्यक्त हुआ है। रसवादी आचार्य इसे ही साधारणीकरण कहते हैं। जब व्यक्तिगत भाव सामाजिक भावभूमि पर प्रतिष्ठित हो जाते हैं, तभी रस की सृष्टि होती है और उसका साधारणीकरण होता है। इस रचना में किशोर-हृदय का वह कृत्रिम, झूठा और काल्पनिक रोमान नहीं है जो सभी

भावुक प्रेम-कवियों में सामान्य रूप से व्यक्त होता है। इसमें वह विशेषता है जो इस कवि को सामान्य से परे एक विशिष्टता प्रदान करती है। इसमें जीवन की कटु अनुभूतियाँ छाया की तरह उसके अन्तरमन पर मँडराती रहती हैं, पर उस अन्तर में एक आलोक है, वह आलोक है प्रेम का। प्रेम और विरह शाश्वत व्यापार हैं। यह जीवन के पथ पर अग्रसर हर आदमी के साथ चलते हैं और प्रकृति भी अपने क्रिया-व्यापारों से इनकी साक्षी बनती रहती है। इस शाश्वतता का बोध ही वह आलोक है जो कवि के ऊपर मँडराती काली छायाओं से उसे मुक्त करके आगे बढ़ने का मार्ग प्रशस्त करती है।

कविता वही स्थायित्व प्राप्त करती है जो जीवन के अनुभूत यथार्थ की सहज अभिव्यक्ति करती है। इसमें सन्देह नहीं है कि शंभुनाथ सिंह के इस संग्रह की रचनाओं में उनकी निजी अनुभूति की अभिव्यक्ति हुई है। कवि के समानधर्मा प्रेमगीत धारा के प्रमुख कवि डॉ. श्रीपाल सिंह 'क्षेम' ने उनके 'छायालोक' की कविताओं को 'मध्यमा प्रतिपदा' के रूप में परिभाषित करते हुए लिखा है कि "इस प्रकार गीत में मध्यमा प्रतिपदा के नवीन राही श्री शंभुनाथ सिंह ने चिर-सत्य और जड़ तथ्य के बीच से मानवीय अनुभूतियों के संयत भोग, सहज संवेदना ओर लोक निकट परिमार्जित अभिव्यंजना के गायक के रूप में एक विकसित दशा के संधान में आगे प्रयाण किया और सन् 1945 ई. में उनका दूसरा गीत-संग्रह 'छायालोक' प्रकाशित हुआ। छायालोक में न बाह्य की छाया का अभाव है और न अभ्यान्तर के आलोक का ही। मूल मानवीय प्रवृत्तियों का उच्छल आवेग स्वस्थ सहजता और संतुलन की ओर बढ़ता गया है। ऐन्द्रिय भूख और कैशोर भावुकता अब प्रेम की प्रगाढ़ता और जीवन के गम्भीर स्तरों की ओर आगे बढ़ी।"

कवि-आलोचक डॉ. क्षेम ने अपनी स्थापना को और भी स्पष्ट करने का प्रयास किया है। 'छायालोक' संग्रह की रचनाओं के प्रतिपाद्य के सम्बन्ध में वे लिखते हैं–

'छायालोक में कवि ने रूप और प्रेम को जीवन की धारा में प्रतिबिम्बित देखा है। आविष्ट क्षणों की अनुभूतियाँ अब स्थायी मनोदशाओं के रूप में परिणत होने लगीं। 'छायालोक' के गीत शंभुनाथ सिंह के रागात्मक व्यक्तित्व के उच्चतर और पुष्टतर रूप हैं। 'समय की शिला,' 'रूप के बादल' और 'उर के खुलेखुले ही रहे द्वार' जैसी रचनाएँ उनके गम्भीर चिन्तन, सौन्दर्यासक्ति और प्राणों में बिंधी पीड़ा की सफल परिचायक और प्रमाणक है।"[8]

इसमें संदेह नहीं है कि 'छायालोक' की मनोभूमि प्रेम और सौन्दर्य की मनोभूमि है पर इसमें प्रेम और सौन्दर्य की अनुभूतियों की गहन संवेदना ही विशेषता का निर्माण करती है। इस सम्बन्ध में आचार्य विश्वनाथ प्रसाद मिश्र ने लिखा है कि 'छायालोक' नाम से कहीं यह भ्रम न हो जाए कि यह ऐसे कृति की रचना है जो अनन्त लोक में ही विचरण करनेवाला है और वह शुद्ध अभिव्यंजना का अनुरागी है अर्थात अनुभूमि

की गम्भीरता से उसका कोई प्रयोजन नहीं है। पर यह बतला देने पर भी कि शंभुनाथ जी स्वच्छन्दतावादी कवि हैं और व्यक्तिबद्ध भूमि पर स्थित होकर गहरी अनुभूति की अभिव्यंजना में निरत हैं, यह प्रश्न सामने आ ही जाता है कि क्या उनकी व्यक्तिबद्ध अनुभूतियाँ लोकानुभूति के मेल में भी हैं। लोकानुभूति का यह तात्पर्य नहीं कि कवि अपने व्यक्तित्व का विसर्जन कर दे। प्रत्येक व्यक्ति में लोक उसी प्रकार अनुस्यूत या अन्तर्भुक्त रहता है जिस प्रकार किसी एक वृक्ष के सभी पत्तों में पार्थक्य होते हुए भी उनकी एकाकारता होती है। इसी एकाकारता या अभेद को लक्ष्य करके जो चले या जिसके प्रदर्शन में यह अभेद लक्षित होता है, वही वस्तुतः भारतीय दृष्टि से सच्चा कवि है।''[9] वस्तुतः शंभुनाथ सिंह के काव्य में व्यक्ति की यह सामाजिक भूमिका पूर्णतः विद्यमान है और वे अपने व्यक्तित्व का काव्य में समाजीकरण या सामान्यीकरण करने में पूर्णतया सफल हुए हैं।

यह कवि अपने भावों को व्यक्त करने की एक विरोधाभासी शैली को अपनाता है। वह आकाश में उड़नेवाले बादलों की तरह बँधा भी है और मुक्त भी है। बँधा इस अर्थ में कि किसी के प्रेन में अनुरक्त है, पर मुक्त इसलिए कि उसकी अनुरक्ति उसके बन्धन का कारण नहीं बनती है। उसका मन किसी सौन्दर्य की रूप राशि से भरा है, पर उसकी दूरी और विप्रलम्भ से उसका भरा हुआ मन रिक्त भी है। उसका चिर विरह ही उसके चिर मिलन का रूप बन जाता है। महादेवी की उस भावना का यहाँ दर्शन होता है, जहाँ पीड़ा में ही प्रिय है और प्रिय में पीड़ा है। वेदना और विरह एकनिष्ठ होने पर वह वेदना स्वयं इतनी प्रिय लगने लगती है कि वह चिर मिलन का सुख प्रदान करती है। शंभुनाथ सिंह अपने गीत में लिखते हैं–

बँधा मुक्त धन मैं
भरा रिक्त मन मैं
चिरन्तन विरह से
बना चिर मिलन मैं
मधुर बन्धनों पर अमिट छाप बनकर
गगन चन्द्रिका आज मुसका रही है।

यहाँ 'चिरन्तन विरह' और 'चिर मिलन' छायावादी रहस्याभास का संकेत अवश्य करते हैं, पर ये रहस्य देर तक रहस्य नहीं बने रहते, उनका पर्यवसान यथार्थ लौकिक प्रेम के धरातल पर हो जाता है और वे अपनी अभिव्यक्ति में विरह की सघनता का ही बोध कराने लगते हैं, किसी अपार्थिव लोक की अनुभूति नहीं। 'मधुर बन्धन' प्रेम के बन्धन हैं, जो विरह में भी मन की सुखद अनुभूति का कारण बनते हैं और 'गगन चन्द्रिका' मुसकाती सी प्रतीत होती है और इन मधुर बन्धनों पर एक अमिट छाप बन जाती है। यह वही प्रेम है जिसके प्रकाश के सम्बल से कवि आगे बढ़ता

चला जा रहा है और उसमें समाज के प्रति एक सदाशयता का निर्माण हो जाता है, जड़-चेतन तक उसकी सदाशयता का विस्तार हो जाता है और सुख-दुख समान लगने लगते हैं–

जिसके प्रकाश में सम लगते
सुख दुख औ जड़ चेतन।

ललक, नैराश्य, अतृप्ति, सोच, व्यग्रता, तड़पन आदि अनेक अन्तर्वृक्तियों में से होकर आगे बढ़ने पर वह समझ लेता है कि संसार में सहनशीलता की आवश्यकता है। वह समझ लेता है कि जो कुछ भी स्थितियाँ जीवन में आती हैं, उन्हें हँसते-हँसते स्वीकार करना चाहिए। यही सहनशीलता और सहानुभूति-जन्य संवेदना किसी भी दुःखी मनुष्य का सम्बल बनती है। कवि कहता है–

सतत अपनी पुकारों पर
सतत अपनी गुहारों पर
सुनाई पड़ रहा केवल,
मुझे संवेदना का स्वर।

किसी व्यक्ति की मनःस्थिति समान रूप से एक जैसी नहीं होती है। वह भी एक भावुक कवि की तो और भी बदलती रहती है। संवेदना के स्वर की सहानुभूति से कुछ संतोष करने के बाद स्वयं से प्रश्न भी करने लगते हैं कि कहीं यह छलावा तो नहीं है–

नहीं जानता छल रहा पंथ को मैं
स्वयं पंथ से या छला जा रहा हूँ।

यह पंथ प्रेम का पंथ ही है। यह निराला पंथ है। इस जीवन के विरोधाभास को सहता झेलता हुआ कवि उसी पंथ पर चला जा रहा है। वह न इस पथ का आदि जानता है और न अंत। पर यह छायावादियों का 'अनन्त पथ' नहीं है। यह कठोर जीवन भूमि का पथ है। यह प्रेम का पथ है। इस पथ का पथिक भी निराशा की मनोदशा में यही अनुभव करता है। 'अनन्त लोक' की बात छोड़कर यह लोक भी कम विचित्र नहीं है। मनुष्य अपनी गति का स्वामी नहीं है। वह परिस्थितियों के आवर्त में पड़ा चलता तो रहता है, पर उसे यह पता नहीं चलता कि वह आखिर चल क्यों रहा है–

चला जा रहा हूँ
न इस राह का आदि मैं जानता हूँ
न इस राह का अंत मैं जानता हूँ

प्रेम की संजीवनी ही उसे अमरता प्रदान करती है। प्रेम का पार्थिव स्वरूप ही उसकी वाणी में कभी चिरन्तन विरह-मिलन का रूप लेकर आता है और कभी उसमें घोर निराशा का सृजन करता है और फिर वही एकपक्षीय प्रेम उसमें आशा का भी संचार कर जाता है। उसके 'छायालोक' के गीतों में छायावादी 'चिरंतनता' का स्वर मंद है और यथार्थ जीवन के प्रेम की अनुभूतियों का स्वर प्रबल है। वह स्वयं अपने धरती के सहज प्रेम को परिभाषित करता है–

मेरे जागरण के गान
ये न स्वप्न प्रदेश वाले
ये न रेशम वेश वाले
ये उषा के दान, निशि की भूल की पहचान।

अंततः कवि की प्राण प्रिया ही इस काल में उसकी कविता में छायी रहती है। चाहे उसकी रूपाशक्ति हो, स्मृति हो, आवेग हो, अनुताप-संताप हो, प्रवंचना हो, पर है वही जो उसके गीत का शब्द और स्वर बनती है। प्रतीत होता है कि कवि की जीवन-वंशी में प्रेम का स्वर फूँककर उसकी प्रिया उससे दूर-दूर ही रह जाती है और जीवन भर वह उन्हीं मादक स्वरों की अनुगूंज को हृदय में लिए कस्तूरी मृग के समान बेचैन होकर दौड़ता रहता है–

बिना रंध्र की बाँसुरी मैं कभी था
कि सहसा मधुर गीत की गूँज बनकर
धरा व्योम के बीच लहरा गया मैं।

इसी मादकता में कवि कभी आकाश और समुद्र का छाया-मिलन देखता है और कभी लौ और शलभ का। कवि जीवन भर प्यासा-प्यासा ही रह जाता है, पर उसकी यही प्यास उसकी एकनिष्ठ प्रेम'-साधना द्वारा उसकी तृप्ति भी बन जाती है–

प्राण, तुम तृप्ति भी
प्राण, तुम प्यास भी।

मेरी अमिट भूख और मेरी अमर प्यास' में उसके प्रेम की गहराई है। प्रेम का स्थायी और शाश्वत स्वरूप है। यह प्रेम ही जगत का कारण और जीवन है। इसी कारण इस प्रेमाभिव्यक्ति में कवि नितान्त वैयक्तिक होकर भी समाज के साथ है और उसकी प्रेमव्यंजना छायावादी कवि की निरी भावुक कातर प्रेमव्यंजना से अलग सामाजिक धरातल पर दीख पड़ती है। यही शंभुनाथ सिंह की अपनी अलग पहचान है।

समय की शिला

'छायालोक' संग्रह की सबसे प्रसिद्ध गीत रचना 'समय की शिला पर' है। यह छायालोक की ही नहीं बल्कि शंभुनाथ सिंह के काव्य-जीवन के पूर्वाद्ध की सबसे प्रसिद्ध और अन्यतम रचना है। यह रचना प्रेम की एक आंतरिक कसक और वेदना को शब्दचित्रों के माध्यम से ऐसा मूर्त रूप प्रदान कर देती है कि इसके काव्य-सौन्दर्य को न समझनेवाला व्यक्ति भी इसके मर्म को हृदयंगम करता हुआ उसको गुनगुनाता हुआ झूम पड़ता है। कवि शंभुनाथ सिंह की भी यही सबसे प्रिय रचना थी। नई कविता के रचनाकार और नवगीत के अग्रणी कलाकार के रूप में प्रतिष्ठा पाने के बाद भी शंभुनाथ सिंह एकांत में प्रायः इसी रचना को गुनगुनाते रहते। इस रचना में वे समस्त विशेषताएँ एक साथ पुंजीभूत हुई हैं। ऊपर के विवेचन में यह दिखाया गया है कि अनुभूति क़ी गहराई और वेदना के नुकीलेपन के साथ ही अनुभूति का साधारणीकरण जितने व्यापक सामाजिक धरातल पर छायालोक की रचनाओं में हुआ है उतना अन्यत्र नहीं देखा जा सकता। इस कथन को केवल इसी 'समय की शिला पर' के उदाहरण से ही देखा और समझा जा सकता है। इस गीत की प्रारम्भिक छः पंक्तियाँ इस प्रकार हैं–

> समय की शिला पर मधुर चित्र कितने
> किसी ने बनाए किसी ने मिटाए !
> किसी ने लिखी आँसुओं से कहानी
> किसी ने पढ़ा किन्तु दो बूँद पानी
> इसी में गए बीत दिन जिंदगी के
> गई घुल जवानी गई मिट निशानी।[10]

इन पंक्तियों में वेदना की इतनी गहराई है और एक लंबी करूणा की जीवन गाथा मानो इतने में ही सिमट कर पूरी हो गई। किसी उपन्यासकार को इस मरम भरी कथा को लिखने के लिए कई सौ पृष्ठ लिखने पड़ सकते हैं किन्तु इस कवि ने छः पंक्तियों में ही सारी कहानी कह दी है। गीत काव्य के लिए जो काव्य-लक्षण बताए जाते हैं वे सबके सब इसमें विद्यमान हैं। गेयता तो गीत का बाह्य लक्षण है और वह इसमें और शंभुनाथ सिंह जी के तत्कालीन समस्त गीतों में भरपूर विद्यमान रहा है। संक्षिप्तता, भावोत्कर्ष की चरमता और संवेदनात्मक अनुभूति में भी ये पंक्तियाँ बेजोड़ हैं। प्रथम छन्द के सम्बन्ध में विजय देव नारायण साही ने लिखा है–'पहला छन्द मुझे अच्छा लगता है। ऐसा लगता है मानो कुछ ही पंक्तियों में करुणा की आत्मा भर दी गई है।[11] शिला पर बननेवाले चित्र आलेख बड़ी दीर्घकालीन आयु प्राप्त करते हैं। कवि समय रूपी शिला पर अपने जीवन के मधुर चित्रों को किसी के द्वारा बनाया और उसी के द्वारा मिटाया जाना कहकर यह व्यंजित करता है कि

उन मधुर चित्रों का केवल बनना ही नहीं उनका मिटना भी समान रूप से शिलालेख या शिला-चित्र की भाँति चिर स्मरणीय है। यहाँ शिला शब्द का प्रयोग असंगत नहीं है बल्कि शिलालेख की ध्वनि देकर कवि की उस पीड़ा को एक गहरा अहसास प्रदान करता है। 'आसुँओं से कहानी लिखना और उसको किसी द्वारा दो बूँद पानी पढ़ना' दोनों ही अभिव्यक्तियाँ अंतर की करुणा को तो उंड़ेलती ही हैं, साथ ही दो बड़े सरल ग्राम्य मुहावरे के प्रयोग से उसकी बोधगम्यता को सर्वजन सुलभ बना देती हैं। इसी कहानी लिखने और उसे दो बूँद पढ़ने में सारी जिन्दगी बीत जाती है। जवानी घुल जाती है पर वह निशानी मिट ही जाती है।

इसी प्रकार दूसरे छन्द में धरा द्वारा विकल सिन्धु से मनोरथ के बादलों को उठाने किन्तु गगन द्वारा पुनः उन्हें धरती पर गिरा देने की बेवफाई और शलभ द्वारा शिखा के ऊपर धेयवादी मरण के सादृश्य उपस्थित करता हुआ कवि अपनी बातों को उसी सहजता से सादृश्य-विधान के माध्यम से प्रस्तुत कर देता है। इस छन्द में वह 'शलभ मिट न पाया शलभ जल न पाया' कहकर प्रेम की शाश्वतता को व्यंजित करता है। यहाँ शलभ प्रेम का प्रतीक है। आगे के छन्द में जलधि के नयन में गगन के चित्र खींचने जिसमें इन्द्रधनुषी उर्वशी के उतरने और उन चित्रों के क्षण भर में तिरोहित हो जाने की बिम्बात्मक छवि बड़ी मोहक है। बिम्बों की सर्जना में भी शंभुनाथ सिंह बेजोड़ हैं और रचना की महत्ता को बढ़ाने में इसकी बिम्बात्मकता भी एक कारण है। घन से उतरती हुई उर्वशी भले ही आकाशीय इन्द्रधनुष हो पर वह सागर के उर में बसी जल की बूँद ही है। अप्सरा उर्वशी तो सौन्दर्य की प्रतीक ही है। इस प्रकार एक-एक शब्द में अर्थ की इतनी छायाएँ जुड़ी हुई हैं कि उनके उद्घाटन के लिए एक सच्चे सहृदय और कल्पनाशील पाठक की भी आवश्यकता होती है।

इस रचना में न भाषा की जटिलता है न बिम्ब की और न ही इसकी अभिव्यक्ति में कोई दुरुहता है। सहज सामान्य भाषा में गम्भीर करुणा भरी कहानी को अभिव्यक्ति दे देना अपने आप में एक विशिष्ट गुण है और यह गुण शंभुनाथ सिंह की इस कविता में पूरा-पूरा उभरा है। इस कविता में यद्यपि सामान्य प्रेम ओर वंचना की ही अभिव्यक्ति हुई है पर अन्त के दो छन्दों में छायावादी शब्दावली के प्रयोग से कुछ रहस्य का भ्रम सा होने लगता है पर वह रहस्य का भ्रम ही है वह वास्तविक रहस्य नहीं है ओर इसे छायावादी कविता का प्रभाव ही माना जा सकता है।

इस प्रकार शंभुनाथ सिंह के काव्य का यह प्रथम चरण छायावादोत्तर स्वच्छन्द प्रेम धारा के कवियों से प्रभावित है पर उसमें कवि की अपनी निजी विशेषता सर्वत्र दीख पड़ती है। इस सम्बन्ध में प्रसिद्ध नवगीतकार और आलोचक डॉ. देवेन्द्र शर्मा 'इन्द्र' ने लिखा है--'कवि शंभुनाथ सिंह के प्रारम्भिक गीतों पर इस धारा का प्रभाव

पर्याप्त दूर तक देखा जा सकता है। 'रूप रश्मि' और 'छायालोक' जैसे शीर्षकों से ही यह बात सिद्ध हो जाती है। आगे चलकर जब 'समय की शिला' का प्रकाशन हुआ, तब उसकी भूमिका लिखते हुए स्वयं उन्होंने स्वीकार किया कि 'सन् 1940 से 1950 के बीच किशोरावस्था पार करके युवावस्था में चरण रखने के समय मेरे भीतर मांसल सौन्दर्य और प्रेम की जो अनुभूतियाँ उपलब्ध हुईं, मैनें उनको अधिकतर गीत विधा के माध्यम से अभिव्यक्त किया। उनमें जिन निजी अनुभूतियों की अभिव्यक्ति हुई वे तटस्थ मन की अनुभूतियाँ भले ही न हों पर प्रामाणिक अवश्य हैं। ईमानदारी से व्यक्त की गई ये अनुभूतियाँ वैयक्तिक होती हुई भी संभवतः सार्वजनिक भी थीं। फलतः उनके इन दोनों संकलनों के गीतों में से अधिकतर संयोग-वियोग परक श्रृंगारानुभूति पर ही आधृत हैं। रूपाशक्ति और तज्जनित विरह-विह्वल, छटपटाहट इन गीतों का प्रतिपाद्य विषय रही है। न तो कहीं छायावादी वायवीयता है और न ही किसी प्रकार की रहस्यवादी आध्यात्मिकता, किन्तु इनमें व्यक्तिवादी स्वच्छन्दता की वे सभी विशेषताएँ विद्यमान हैं जो उस समय नरेन्द्र और अंचल जैसे कवियों के भी गीतों में भी लक्षित थीं। हाँ इतना अवश्य है कि कवि परम्परागत कथ्य को कुछ ऐसे विशिष्ट बिम्बों और वक्रतापूर्ण वचनों के माध्यम से कहता है कि उसमें पुरानेपन की गन्ध न आने पाए।[12]

शंभुनाथ जी के दूसरे समान धर्मा गीतकार बीरेन्द्र मिश्र इस काल के उनके गीतों को स्मरण करते हुए उनकी विशेषताओं को रेखांकित करते हैं–"शंभुनाथ जी से मेरी पहली भेंट सन् 1946 में दिल्ली के एक कवि सम्मलेन में हुई थी। तब की छायावादोत्तर गीत कविता में अनुवाद का प्रभाव ही था और उससे अलग भाषा और अभिव्यक्ति के स्तर पर कुछ नया कहने की छटपटाहट भी थी। शंभुनाथ जी उस समय की अपनी कविताओं में, विशेष रूप से गीतात्मक कविताओं में इसी रूप से गुजर रहे थे। संप्रेषणीयता उनकी अपनी विशेषता थी जिसके कारण तत्कालीन काव्य-जगत में उनकी पहचान अलग आने लगी थी। कवि सम्मेलन में भी उनके काव्य-पाठ का अलग ही स्वर था। तभी पहली बार मुझे 'समय की शिला पर' सुनने का अवसर प्राप्त हुआ था। उस कविता की बुनावट उद्‌भुत थी। अपने समय का वह एक ऐसा विलक्षण गीत था जिसने अपना गहरा प्रभाव छोड़ा था।"[13]

इस काल के उनके प्रेम प्रधान गीतों की विशेषता को संक्षेप में चार बिन्दुओं में समाहित किया जा सकता है। 1. कल्पना की रंगमयी चित्रात्मकता, 2. ऐन्द्रियता की सहज अनुभूति, (3) ग्राम्य प्रकृति और लोक गीतों की गन्ध, (4) अकृत्रिम भाषा की तत्समता। उनमें कल्पना की अद्‌भुत शक्ति है। 'समय की शिला' में हमने देखा है कि सागर की आँखों में आकाश की छवि, वह भी इन्द्रधनुष से युक्त आकाश, मानो साक्षात उर्वशी मेघमाला के मध्य से उतर रही है ओर सागर के चंचल जल में वह छवि निश्चल नहीं हो पाती। यह तो कवि का सादृश्य-विधान

है जिसमें आकाशीय कल्पना का योग है। उसका प्रस्तुत कथन तो इतना ही है कि उसने अपने प्रिय को पाने की चेष्टा उसी प्रकार की, जिस प्रकार सागर का जल आकाश की छाया और इन्द्रधनुष की सुषमा की छाया को पा लेता है पर चंचल जल में वह छाया भी तिरोहित हो जाती है। कवि की कल्पनाशक्ति पर डॉ. त्रिभुवन सिंह ने विभोर होकर लिखा है, "यह कल्पना छोटे-बड़े रंगीन चित्रों में प्रस्फुटित होती चलती है और प्रकृति के रूप-संसार में जाकर वहाँ से मधुमाखी के भाँति सुन्दर-सुन्दर दृश्यों, घटनाओं तथा रमणीय दशाओं का चयन कर गीतों में उन्हें सजाती चलती है। ऐसे अनेक स्थल हैं जहाँ इन चित्रों में रूप, रस, गन्ध, वर्ण, एवं स्पर्श की तन्मात्राओं का रंगीन संगुंफन होता है। दिन और रात को किस प्रकार चुनी हुई दशाओं में आकलित किया गया है–

> दिन ये प्रणव हास,
> निशि प्यार के पाश।'[14]

उनकी ऐन्द्रियता अनुभूति की गहराई से ऐसी आवेष्ठित है कि उसमें सहज ही प्रकृति के उपादान मिलकर उत्तेजक और प्रभावोत्पादक चित्रों की सृष्टि कर देते हैं। 'पुरवैया धीरे बहो' अथवा 'मैं वह खंडहर जिसके माथे पर अँधियाली साँझ की उतर गई' इसीप्रकार की ऐन्द्रिय जनित अनुभूति की चित्रमयी रचनाएँ हैं। शंभुनाथ सिंह में दृष्टि-चेतना और गन्ध-चेतना का सर्वाधिक वैशिष्ट्य है।

उनकी लोक संवेदना की विशेषता को इसके पूर्व ही विस्तार से विवेचित किया जा चुका है। जहाँ तक सहज, सरल और सरस अकृत्रिम किन्तु तत्सम भाषा के प्रयोग का प्रश्न है शंभुनाथ जी अपने समकालीनों में बेजोड़ हैं। उनमें उर्दू के शब्द ढूँढ़ने पर भी नहीं मिलते है जबकि बिम्बात्मक, लाक्षणिक, मसृण एवं रसार्द्र है। तत्समता के बावजूद क्लिष्टता का उनमें अभाव है।[15]

इन काव्यगत विशेषताओं के साथ एक और विशेषता शंभुनाथ सिंह के गीतों में है। वह है मानवीय संवेगों का सहज उद्घाटन। इसी के कारण हम कह सकते हैं कि शंभुनाथ के प्रेम गीतों के भी केन्द्र में 'मानव' प्रतिष्ठित है, जो स्वस्थ प्रकृतस्थ एवं कलात्मक है। साथ ही वह सुख-दुःख, राग-द्वेष, बिरह-मिलन से छाया और आलोक के समान गुँथा हुआ है।

शंभुनाथ जी की दो प्रारम्भिक प्रेम प्रधान रचनाओं के अनुशीलन से हम सहज ही इस निष्कर्ष पर पहुँचते हैं कि उनमें वे सभी तत्व विद्यमान थे जिनसे आगे चलकर उनके नवगीतकार को प्राणतत्व प्राप्त होते हैं। आगे चलकर हम देखेंगे कि शंभुनाथ जी के नवगीत अपनी लोक गन्ध, भारतीयता, सम्प्रेषणीयता, सहज-अनुभूति और स्वस्थ प्रेम के साथ तत्सम किन्तु सहज बिम्बमयी भाषा की विशेषताओं के लिए प्रसिद्ध हुए। इनके अंकुर इन प्रारंभिक संग्रहों में ही विद्यमान हैं।

'उदयाचल के सामाजिक-राजनीतिक गीत

'उदयाचल' में कवि को एक-दूसरे आयाम में हम देखते हैं। इसके गीत 'छायालोक' के ही रचनाकाल के समानान्तर लिखे गए लेकिन इनमें प्रगतिवाद का प्रभाव स्पष्ट रूप से दिखाई देता है। यहाँ कवि अन्य प्रगतिवादी कवियों के समान मार्क्सवाद के प्रचारक और झंडाबरदार के रूप में अपनी कविता में नहीं आता है बल्कि आशा, उत्साह, कर्म, विद्रोह, संघर्ष और क्रान्ति की भूमियों पर उनके पैर जमते हैं। स्वयं कवि अपनी भूमिका में लिखता है कि 'उदयाचल से फैलती हुई किरणों' में कल्पना के उभरे हुए इन्द्रधनुषी रंग शायद कम हों, किन्तु साथ ही काव्य के मूलगत सौन्दर्य को किसी वाद विशेष के चौखटे में कसकर रूप देने अथवा व्याख्यानदाता और उपदेशक बनकर किसी राजनीतिक मंच से उछल-कूद करने की स्थूल कला भी इन कविताओं में नहीं मिलेगी।''[16]

शंभुनाथ सिंह के कवि व्यक्तित्व में अन्तर्मुखता और बहिर्मुखता दोनों साथ-साथ चलती हुई दिखाई देती है। उनकी चेतना का एक छोर व्यक्तिगत प्रेम, कसक और वेदना के अंतरंग में डूबा मिलता है तो दूसरा प्रारम्भ से ही बाह्य सत्यों और सामाजिक यथार्थ के प्रति जागरूक रहा। 'उदयाचल' में राष्ट्रीय, सांस्कृतिक और सामाजिक पक्षों की आग्रही अभिव्यक्ति उनकी चेतना की इस दूसरी प्रवृत्ति के अनुसार है। इस प्रवृत्ति का प्रकर्ष कवि को प्रगतिशील आन्दोलन के क्रोड से मिला था। शंभुनाथ सिंह की 'जीवन-यात्रा' के अन्तर्गत यह देखा जा चुका है कि वे प्रगतिशील लेखक संघ की काशी शाखा के प्रमुख स्तंभों में थे। वे साम्यवादी दल के सदस्य भी बने थे। उस परिधि से तो वे बाहर निकल आए पर प्रगतिशीलता के विचार उन्हें आचार्य नरेन्द्रदेव, राजाराम शास्त्री जैसे समाजवादी विचारकों और पं. नंद दुलारे वाजपेयी जैसे आलोचकों के सम्पर्क से बराबर मिलते रहे। इसका परिणाम यह हुआ कि उनकी कविताओं में क्रुद्ध जनता की भावधारा का प्रवाह बहा, किसी परिपाटी की बँधी बधायी लकीर में कविता करना, उन्होंने स्वीकार नहीं किया। इसी स्वतन्त्र प्रगतिशीलता की फलश्रुति उनकी रचना 'उदयाचल' है।

'रूप रश्मि' और 'छायालोक' का कवि जहाँ अधिकतर अपनी बात कहता है, वहीं 'उदयाचल' का कवि सबकी बात कहता है। वह लोगों के साथ अपनी मुक्ति चाहता है। अपने ही चरणों में गीत और लय से वह संतुष्ट नहीं होता, साथ ही समाज के किसी एक हिस्से की प्रसन्नता से भी उसे संतोष नहीं है, वह तो सबका उत्कर्ष चाहता है–

> रह न जाए हाहिलय से रहित चरण कोई।

अपनी लोकोन्मुख निर्वाध प्रगति-चेतना को कवि इस रचना में अभिव्यक्ति प्रदान करता है। वह लोकाराधन के पथ पर अग्रसर होता है और अपने पिछले जीवन

को भ्रम मानने का भी निवेदन कर बैठता है

मैं देख रहा जग का जीवन,
मैं ढूँढ़ रहा जग सुख-साधन,
X X X
मेरे उर को निर्भय जानो,
पिछले जीवन को भ्रम जानो।

क्रान्ति और समाजवाद उसकी कविता के मंत्र इसी काल से बन जाते हैं। इतिहास के कालचक्र के साथ कवि के जीवन का कालचक्र भी घूम जाता है। उसके साम्यवादी विचारों और समतामूलक रुसी क्रान्ति की स्पष्ट ध्वनि उसकी इस संग्रह की रचनाओं में दीखने लगती है–

यह परिवर्तन-क्षण की हलचल,
करने को वर्ग-श्रेणि समतल,
होने को है विस्फोट प्रबल,
X X X
आसन्न क्रान्ति की लपटों में,
मिटने को रुढ़ि विचार सद्दल।

लेकिन यह परिवर्तन केवल परिवर्तन के लिए नहीं बल्कि रसप्लावन के लिए है–

करने को जग में रस-प्लावन,
उमड़ेंगे ही नव सुख के घन
पर होगा तब नव सृष्टि सृजन
जब जल लेगी दावानल में
जग-वन की हर टहनी कोंपल।
हर परिवर्तन-क्षण की हलचल।

'उदयाचल' कवि में आशा, उत्साह, कर्म, विद्रोह, संघर्ष और क्रान्ति की मनोरम झाँकी प्रस्तुत करता है इसके लि़ए समाज को जागृति का संदेश देता हुआ कवि कहता है--

सुनना होगा जीवन का स्वर
X X X
जीवन जागरण का नाम।

जागृत समाज को समता और क्रान्ति के लिए बलिपथ पर अग्रसर होना

पड़ेगा। उनके जागरण के गान सीधे संघर्ष की ललकार भी प्रस्तुत करते हैं। इस संघर्ष और क्रान्ति के पथ पर अग्रसर जन को शूलों पर चलना होगा, शोलों पर चलना होगा और मरना भी होगा, पर मरणतुल्य जीवन जीने से अच्छा 'जीने की जिन्दगी' के लिए संघर्ष के पथ पर एक बार ही मर लिया जाए। रोज रोज मरने से अच्छा एक बार ही मरना है–

> जीने के लिए सके यदि मर
> तो होगा क्या इससे बढ़कर,
> मर एक बार सौ बार न मर
> जीवन का एक तकाजा बस
> शोलों पर चल, शूलों पर सो।
> रोना भी हो तो हँस कर रो।

इस संघर्ष और क्रान्ति के पीछे कवि का एक दर्शन है, वह है संसार के सुख की तलाश। अपने उद्देश्य को वह प्रगट भी करता है–

> मैं देख रहा जग का जीवन,
> मैं ढूँढ़ रहा जग सुख-साधन।

कवि, किसान, मजदूर वर्ग की बाह्य और अन्तर्जगत का बड़ा ही सच्चा चित्र इस संग्रह के गीतों में प्रस्तुत करता है। सर्वहारा गीत, पंछी और गतिशील मानव इसी प्रकार की रचनाएँ हैं। इन गीतों के दर्शन को 'मानव की प्रतिष्ठा' के रूप में परिभाषित किया जा सकता है। इसी श्रेष्ठ दर्शन के कारण 'उदयाचल' की प्रतिष्ठा कवि के काव्य-विकास के एक मुख्य चरण के रूप में देखी जा सकती है। यद्यपि इसमें भावोत्कर्ष, शिल्पगत सौन्दर्य और भाषा का अभिव्यंजना पक्ष 'छायालोक' आदि से नीचे के स्तर का है, पर 'मानव की प्रतिष्ठा' स्वयं एक श्रेष्ठ कला मानी जा सकती है। लेलिन ने कभी कहा था कि सच्ची कला वह है जो जीवन की भाषा में बोले। इस कोण से 'उदयाचल' का भी महत्वपूर्ण स्थान है।

'नवगीत' के निर्माण में लोकचेतना और जन दृष्टि की अपेक्षा भी कम नहीं है। इस दृष्टि से शंभुनाथ सिंह जहाँ लोकतत्व, गाँव और आसपास की प्रकृति के साथ प्रारम्भ से ही रहे हैं, वहीं उनमें एक जनचेतना का स्वर भी आ मिलता है। इस सम्बन्ध में डॉ. शिवनाथ ने ठीक ही लिखा है–

'उदयाचल में जीवन के साथ ही समाज के प्रति आशा के पूर्णोदय के दर्शन होते हैं। इनमें जीवन और समाज के प्रति आशा, विश्वास और इनमें पूर्ण चेतना मरने के गान संगृहीत हैं। जीवन और समाज के प्रति आशा और आस्था की प्रवृत्ति वर्तमान युग के साहित्य की प्रधान वृत्ति है।''[17]

'उदयाचल के बाद 1951 ई. में कवि का लम्बी कविताओं का एक संग्रह 'मन्वन्तर' प्रकाशित हुआ। विकास के चरणों के अध्ययन की दृष्टि से इसका भी विचार 'उदयाचल' के साथ ही करना अधिक उपयुक्त है। जिस सामाजिक-राजनीतिक प्रतिबद्धता के साथ 'उदयाचल' के गीतों की रचना हुई थी, उसी का एक अधिक प्रतिबद्ध और अधिक तार्किक रूप 'मन्वन्तर' में प्राप्त हेाता है। जैसे-जैसे कवि अधिक तर्क और वैचारिक व्याख्या में उलझता गया है, उसमें काव्य-तत्व की कमी होती चली गई है। इस दृष्टि से विचार करने पर 'मन्वन्तर' में रुक्षता और व्याख्यान परता अधिक दीख पड़ती है। इन दोनों की तुलना करते हुए डॉ. श्रीपाल सिंह 'क्षेम' ने लिखा है–

" 'उदयाचल' में प्रगतिवाद का प्रभाव स्पष्ट है, पर छिछले प्रचार का अभाव है। इसकी तुलना में 'मन्वन्तर' की कविताएँ अधिक लम्बी, गीत-तत्व के अभाव से ग्रस्त, समाजवाद-साम्यवाद (मार्क्सवाद) के सैद्धान्तिक आग्रह से लिप्त तथा प्रचारात्मक भी हो उठी है।"[18]

उपर्युक्त कथन पूर्णतः सत्य नहीं है। शंभुनाथ सिंह अपने किसी भी रूप में अपनी काव्य-ऊर्जा को कम नहीं होने देते। यह बात दूसरी है कि समानान्तर रूप से लिखे जानेवाले छायावादी गीतों और राष्ट्रीय गीतों से कविता अधिक छायावादी गीतों में दीख पड़ती है, पर राष्ट्रीय गीतों का अपना ही महत्व है। उनमें इतिहास की वह संवेदना है जो उसी को ग्राह्य हो सकेगी जो इतिहास के साथ अपने को जोड़ सकेगा। शंभुनाथ सिंह की 'मन्वन्तर' की कविताओं में भी भावबोध की कमी नहीं है। वे कहते हैं कि अब उनके मन की स्थिति बदल चुकी है। अब वे अपनी व्यथा के फूल को भूलकर जग की व्यथा देखने के विश्वासी हैं। आज 'प्रसाद' के 'आँसू' की 'वह हँसी और यह आँसू घुलने दे मिल जाने दे' से भी आगे कवि न हँसी और न आँसू की उस सामान्य मनोदशा में अपने को देखता है जो धरती के आम आदमी की मनोदशा है। इस नई समाज-रचना की भावुकता और रसोद्रेक क्षमता को देखिए–

उसके व्यथा-सिंधु का कूल
गया मैं भूल,
रहे जीवन के वे क्षण पास
न जिनमें अश्रुन जिनमें हास
प्यास के मेघ उमड़कर नहीं
बरसने आते हैं रसधार
प्यार की ज्वाला में चुपचाप
न जलता मन।[19]

वह अपने काव्य के माध्यम से देश और समाज को बदलना चाहता है।

वह जीवन मूल्य के रूप में एक नवीन दृष्टि को प्रतिष्ठित करना चाहता है। इसके लिए परम्पराओं और यथास्थिति के विरुद्ध एक अभियान की आवश्यकता है। इसी अभियान से एक नयायुग आएगा। नया विहान होगा और यही कवि की दृष्टि में नया मन्वन्तर है। इसे कलावादी कविता के अन्दर तो नहीं स्वीकार करेगा पर जीवन को कला का उद्देश्य माननेवाला इसी में चरम कला का दर्शन करेगा। यह तो दृष्टियों का भेद है, पर शंभुनाथ सिंह मार्क्सवादी चिन्तन से प्रभावित होकर भी अपनी धरती और परम्परा से बराबर जुड़े रहे हैं। इसका प्रमाण बदलाव की कविता और ऐसी कविताओं के संग्रह का 'मन्वन्तर' जैसा शीर्षक ही है। मानव को अभियान के लिए प्रेरित करता हुआ कवि कहता है–

मानव तुम करो अभियान
निर्झर शक्ति के तुम आज
कितने क्षीण गति से हीन
कितने जन बने बलवान
गतिमय जोतिमय वैभव तुम्हीं से छीन।
सूखे स्रोत से इस क्षीण स्वर में भी
छिपा उस बज्र का निर्घोष
करता जो गगन का वक्ष-भेदन
दिग्गजों का गर्व चकनाचूर।[20]

इसके कथ्य को स्पष्ट करते हुए नलिन विलोचन शर्मा ने लिखा है कि "मानव को विद्रोह करने और वर्तमान सामाजिक, राजनीतिक और आर्थिक व्यवस्था को उलट कर नवीन समतामूलक समाज स्थापित करने के लिए उसकी अन्तर्निहित अदम्यशक्ति की याद दिलाकर ललकारा गया है। इस प्रसंग में इतिहास के उन प्रसंगों की भी याद दिलाई गई है जिनके फलस्वरूप मानवता बंदिनी बनी, मनुष्य को नाश के अग्निकुंड में झोंका गया, उसे गुलाम बनाकर पशुओं की तरह बेचा गया। इस तरह ये कविताएँ राजनीतिक-सामाजिक उद्देश्य को लेकर लिखी गई हैं।[21]

इस संग्रह की कुछ लम्बी कविताएँ निराला की लम्बी कविताओं की याद दिलाती हैं। 'जनधारा' कविता इसी प्रकार की है। इस कविता का नायक सम्पूर्ण-मानव-समाज है। वह सृष्टि में अपना मार्ग बनाता हुआ आगे बढ़ रहा है। हजारों वर्षों की जीवन-यात्रा के विषम मार्ग में मानव जाति को जिन स्थितियों से होकर जाना पड़ा है, उसका जैसा ओजस्वी और मार्मिक चित्र इस कविता में उमड़ा है, उनका एक उदाहरण द्रष्टव्य है–

मनु की प्रजा बनी शतधा बिखरी दिशि-दिशि में इस भू पर,
बन, गिरि-गह्वद, समतल में, हिम मंडित ध्रुव के ऊपर।

x x x
धर्म-जाति, रंगों-वर्णों की बनी नई दीवारें,
पर विराट जन-चरम न पथ की बाधाओं से हारे।
x x x
जब जब अन्यायों ने जनता को पथ में ललकारा।
रावण, नीरो, वेणु सभी का टूटा भाग्य-सितारा।
जय, अजेय जनधारा।[22]

नलिन विलोचन शर्मा इस कविता को 'मन्वन्तर' संग्रह की सर्वश्रेष्ठ रचना मानते हैं। उनके अनुसार 'जन-जीवन की अखंड प्रगति और विश्व-मानवता की संघर्ष-कथा का इतना सशक्त वर्णन हिन्दी की अन्य किसी कविता में हुआ हो, ऐसा मुझे नहीं ज्ञात है।

'नवगीत' के विकास की दिशा को शंभुनाथ सिंह के प्रत्येक उत्थान के गीत एक गतिप्रदान करते हैं। 'उदयाचल' और 'मन्वन्तर' के गीत भी कवि के जनबोध के सार्थक हस्ताक्षर हैं जिनके परिपाक में लोकतत्वात्मकता और अपने गाँव की संवेदना विशेष सहायक रही है। आगे चलकर हम देखेंगे कि शंभुनाथ सिंह के संघर्षकालीन और उत्कर्षकालीन नवगीतों की ये प्रधान विशेषताएँ हैं। 'मन्वन्तर' के विश्वफलक की कविताओं के साथ भी कवि अपने गाँव की याद को सँजोए हुए है जिसमें खेत, बाग ही नहीं पोखरे, गढ्ढे तक उसे अपनी ओर खींचते हैं–

धन्य मेरा गाँव
मेरा गाँव है यह !
मैं जहाँ पैदा हुआ
खेला, बढ़ा जिसकी धरा पर
पी नयन से अमर छवि जिसकी
न हो मैं तृप्त पाया
खेत, बाग, नदी, तलैया, ताल ऊसर
पोखरे, गड़हे, कुएँ
हैं एक एक अनेक स्मृतियाँ ले खड़े।[23]

यह स्मृतिचित्र भावुक कवि की भावना का साक्षी है, पर उसकी समाज-चेतना की जागृति भी इसी प्रकार की अपनी गाँव की स्मृतियों को समाहित करनेवाली 'जड़भरत' कविता में दीख पड़ती है। यह कविता भी अपनी अभिव्यक्ति और प्रभाव दोनों में बेजोड़ है। यह कविता राहुल सांकृत्यायन की 'सतमी के बच्चे' शीर्षक संग्रह की उन कहानियों का स्मरण दिलाती है जिनमें गाँव की गरीबी की चक्की में पिसती मानवता और कुंठित होती हुई श्रेष्ठ प्रतिमाएँ दीख पड़ती हैं। 'जड़भरत'

के सम्बन्ध में समीक्षक नलिन विलोचन शर्मा ने लिखा है कि 'यह एक ऐसी व्यंग्य कविता है जिसमें एक अति सामान्य चरित्र के वर्णन के माध्यम से भारतीय ग्रामीण समाज की दुर्दशा और विषमता का रोमांचक वर्णन हुआ है। पढ़ने पर ऐसा प्रभाव उत्पन्न होता है कि भारत के अधिकतर अपढ़ ग्रामीण किसान संसार की प्रगति से अनजान जड़भरत (गूदर) पात्र का नाम जिसे महाभारत का जड़भरत कहा गया है, से आगे नहीं बढ़ सके हैं।

हम देखते हैं कि डॉ. शंभुनाथ सिंह समय की धारा के साथ अपने को मोड़ लेते हैं। यही मोड़ पंत और निराला में भी दीख पड़ता है। पंत और निराला समर्थ कवि थे और इसी नाते उनके काव्य का हर मोड़ कवित्व प्रधान रहा, राजनीति प्रधान नहीं। उसी प्रकार डॉ. शंभुनाथ सिंह भी मूलतः कवि हैं ओर बड़े ही भावुक कवि हैं। अतः राजनीति से जुड़ी साहित्य-चिन्तन-धारा के प्रवाह में भी उनकी भावुकता और कवित्व-शक्ति उन्हें डूबने से बचा लेती है।

'दिवालोक' परिपक्व प्रेम और साहित्य भावना के गीत :

'दिवालोक' डॉ. शंभुनाथ सिंह की काव्यमाला का मध्यमणि है। 'रूपरश्मि' और 'छायालोक' का प्रेमी कवि तथा 'उदयाचल' और 'मन्वन्तर' का समाजवादी प्रगतिशील कवि इस रचना में एक साथ अपने सम्पूर्ण व्यक्तित्व और परिपक्वता के साथ उपस्थित हुआ है। उसकी भाषा का नवीन तेवर आधुनिक है, उसके शिल्प प्रौढ़तर हैं, उसके बिम्ब ताजे हैं और उसमें वैचारिक प्रतिबद्धता का स्थान जीवन की सच्ची अनुभूति ने ले लिया है। यह अनुभूति प्रारम्भ से ही उनमें दो दिशाओं में दिखलाई देती है—एक व्यक्तिगत राग और अनुराग, प्रेम और विरह, उल्लास और टीस की मार्मिक अनुभूति और दूसरी समाज, देश और मानव के दर्द से साक्षात्कार तथा उनकी वेदना से तादात्म्य। इन कोणों से जब उनके 'दिवालोक' के गीतों को हम तोलते हैं तो स्पष्ट दिखाई देता है कि नवगीत के भावी शिल्पी की छवि इस संग्रह के गीतों में स्पष्ट झाँकती है।

परिपक्व प्रेम भावना के गीत :

शंभुनाथ सिंह ने प्रारम्भ से ही सस्ते रूमानी प्रेम गीतों की रचना नहीं की, पर दिवालोक तक आते-आते उनके प्रेम गीतों में भी प्रगाढ़ परिपक्वता आ गई है। उनमें रूप-सौन्दर्य चित्रण की अपेक्षा अपने मन के प्रभाव, उसके दर्द और उसके एकाकीपन का अधिक चित्रण हुआ है। इसमें सन्देह नहीं कि वे भावुक कवि हैं। 'दिवालोक' में उनकी भावुकता परिपक्व भावना में परिवर्तित हो गई है। पहले वे अपनी नियति को कोसते थे, अप्राप्ति पर रोते थे और वेदना में सिसकते थे। अब वे उसी प्रेम की वेदना को पूजा की वस्तु स्वीकारते हैं।

प्रकृति के साथ प्रेम का पूर्ण तादात्म्य करने में भी इस संग्रह का कवि सफल हुआ है। उसकी रचनाओं में प्रकृति का लगाव रहा है। पर वह प्रकृति को उद्दीपन रूप में नहीं देखता। उसे 'मानवसापेक्ष या मानवीय भावनाओं की चित्रपटी के रूप में प्रसाद जी की तरह देखता है। इसे छायावादी शब्दावली में प्रकृति का मानवीकरण भी कह सकते हैं। 'भर गया सजल घन से नभ का सूना आँगन' इस दृष्टि से एक बड़ी ही प्राणवान् प्रभावोत्पादक और शाश्वत मूल्यवत्ता की रचना है। इसमें प्रकृति का नारी रूप देखिए—

चपला से चमके चपल चरण दो रागारुण
रिमझिम बूँदों में बरस पड़ी पायल-रुन-झुन।

प्रकृतिपरक रचनाओं में प्रकृति और मानव एक साथ घुले-मिले हैं। प्रकृति न रहस्यमयी है और न उसमें किसी आध्यात्मिक शक्ति का अधिष्ठान है। वन और पर्वत, वर्षा और बादल चाँदनी और प्रभात उनके प्रिय विषय हैं। 'चाँदनी' कवि के साथ-साथ चलती है। एक गीत देखें—

चल रहा सुनसान पथ पर मैं अकेला
चाँदनी है रात का पिछला पहर है
गीत मेरा और मेरी यह डगर है
X X X
चाँद पश्चिम में झुका, प्राची क्षितिज पर
द्वार तम का खोलता छिप-छिप उजेला।

'सागर' सम्बन्धी अभिव्यक्ति में भी कवि मानों उसके साथ अपने जीवन को भी पिरोकर उसके एक-एक चित्र को उकेर रहा है—

पागल जब सागर का कण-कण
संयम का टूट रहा बन्धन
मधु के बासन्ती उत्सव पर
यौवन में ज्वार उठा भीषण।
लहरों के चुम्बन में जैसे,
मधु ऋतु का पहला फूल खिला।

प्रेम की चाक्षुष अभिव्यक्ति सौन्दर्य-निरुपण में होती है पर प्रेम में कोई घ्राणबिम्बता भी हो सकती है, यह एक अनोखी बात है। प्रेम की गन्ध को प्रेमी मन ही पाता है जो भ्रमर की तरह गन्ध-गन्ध होकर अपना प्राण हथेली पर ले ले। इतनी दूरगामी आन्तरिक प्रेम प्रभाव की अभिव्यक्ति 'दिवालोक' का कवि इस प्रकार करता है—

मादकता यों न भरो,
गन्ध-अन्ध यों न करो,
बरबस तुम तन मन की
चेतनता यों न हरो,
यों न सुरभि की ज्वाला सुलगाकर,
लपटों के बीच उतारो मुझको
रजनीगन्धा न पुकारो मुझको।

शंभुनाथ सिंह हृदय की छाप और उस पर पड़े प्रेम के प्रभाव को व्यक्त करने में अत्यन्त कुशल हैं। इस रचना तक आते-आते वे और भी प्रभविष्णु हो जाते हैं। अनुभूत वेदना का स्वर है–

तुम्हारे पास ज्यों-ज्यों आ रहा मैं
स्वयं से दूर होता जा रहा मैं
रहे ज्वाला भरे क्षण बीत मेरे
खिले उनमें सुरभिमय गीत मेरे
मुझे क्षण-क्षण हँसाती जा रही तुम
हँसी मेरी कि रोता जा रहा मैं।

यथार्थ जीवन की अनुभूतियों को अभिव्यक्त करने में 'दिवालोक' की कविताएँ काफी सफल हुई हैं। प्रेम में स्वप्न और सत्य अलग-अलग हैं। 'स्वप्न की रात है, सत्य का प्रात क्षण' की इन पंक्तियों में जीवन का विरोधाभास, जो असत्य भासित होने पर भी सबके जीवन का सत्य है, प्रकट हुआ है–

चाँदनी पास है
तृप्त हर साँस है
बढ़ गई किन्तु
अनजान में प्यास है,
प्राण के सिन्धु का ज्वार मैं हूँ मुझे।
शूलमय है धरा, फूलमय है गगन।

प्रेम एक अप्रतिहत वेग है जो व्यक्ति में ही नहीं, मानवता के अन्तर में भी चलता रहता है। यही प्रेमतंतु ही मानव की परिभाषा है–

वंदिनी अब तक जवानी हो न पाई।
दूसरी कोई न मानव की कहानी,
हार जीवन से कभी उसने न मानी

वह निरंतर जल रहा पर चल रहा है
काल-मत में राह है उसको बनानी।
आदि मानव ने कभी उसको जलाया
आदमी को आदमी जिसने बनाया
आज भी वह आग पानी हो न पायी
हो पुरानी भी पुरानी हो न पायी।
वंदिनी अब तक जवानी हो न पायी,
प्यास प्राणों की पुरानी हो न पायी।

यह कविता प्रेम का एक ऐसा घोषणा-पत्र है जो उसकी प्रतिष्ठा को न केवल साधारण रूप में प्रस्तुत करता है बल्कि 'दिवालोक' के कवि की यह धारणा 'उदयाचल' और 'मन्वन्तर' के कृत्रिम भावों के 'वीथीशूर' के द्वारा हो रही है, यह एक असाधारणता का नमूना है। प्रेम के साथ ही देश प्रेम और मानव प्रेम की कड़ियाँ जुड़ती हैं, इस सत्य से साक्षात्कार भी शंभुनाथ सिंह इसी रचना में करते हैं। इसी रूप में 'नवगीत' की एक वैचारिक पृष्ठ भूमि का निर्माण भी 'दिवालोक' की कविताओं के साथ हो जाता है।

कवि ने इन प्रेम गीतों में लोकभाषा की सहजता और तरलता को भी भर दिया है–

तेरे नयन आज
तेरे सपन आज
हैं देखते पार हम घनों के
हैं झर रहे फूल बीते क्षणों के।

राष्ट्रीय भावना के गीत

जैसा पहले कहा जा चुका है कि 'दिवालोक' किसी एक प्रकार की प्रतिबद्धता का संग्रह नहीं है। उसमें न कथ्य का भाव, न भाषा, न शिल्प किसी भी प्रकार की प्रतिबद्धता नहीं है। 'गीत' के साथ मुक्त छन्द, गजल, सानेट सभी हैं तो प्रेम प्रधान भावप्रवण गीतों के साथ ही समाज सापेक्ष राष्ट्रीय भावना की कविताएँ भी हैं। कवि का 'स्व' भी यहाँ 'सर्व' के साथ एकरूप हो जाता है। इसमें वस्तुतः प्रेम की ही विश्व-व्यंजना है–

मैं सभी का हूँ न कोई किन्तु मेरा।
काल के पथ पर सँभलता चल रहा मैं
आँधियों में भी मचलता जल रहा मैं
इस नयन में तारिका सा झलमलाता

आँसुओं से भींग जलता चल रहा मैं।

वह दुःखी-पीड़ित मानव की व्यथा से दुःखी होता है। जब वह सर्वहारा श्रमिक के प्रति अपनी भावना व्यक्त करता है तो न उसमें कोई सहानुभूति है और न लड़ने-लड़ाने की काल्पनिक ललकार है, बल्कि उसमें उसके कर्ममय जीवन का एक सहज गान है–

पथ पर बढ़ रहे चरण।
श्रम-सीकर से सिंचित
घूसर रज-कण मंडित
फूलों से अपमानित,
शूलों से अभिनंदित,
अंकित कर चिह्न विरल, गिरि-पथ चढ़ रहे चरण।

यहाँ कवि की विद्रोही भावनाएँ और सामाजिक चेतना की अभिव्यक्ति पूर्णता के साथ हुई है। उसके यथार्थ चित्र के साथ कवि जब उसे 'फूलों से अपमानित' और 'शूलों से अभिनंदित' कहता है तो अर्धगर्भित व्यंजना-शैली में वह सब कुछ कह देता है जो 'मन्वन्तर' की लम्बी कविताओं में नहीं कह पाता और न ही क्रान्ति की गीत वाली राजनैतिक कविताओं में।

इस संग्रह में समसामयिक सामाजिक सन्दर्भों की कई कविताएँ हैं। 'पथ को प्यार करो' कविता में कर्ममय जीवन और संघर्षमयी जिजीविषा का अभिनन्दन है। स्वतंत्रता की नवोपलब्धि पर 'द्वार-द्वार पर अमंद यह दिया जले' तथा महात्मा गाँधी की हत्या पर 'बुझी न दीप की शिखा अनन्त में समा गई' आदि सामाजिक-राष्ट्रीय संदर्भ की रचनाएँ हैं। स्वतन्त्रता प्राप्ति के पश्चात् भी जब जन-आकांक्षाओं की पूर्ति नहीं होती तो कवि का विद्रोही मन क्रान्ति का आह्वान करता है। वह 'जन-देवता' से प्रश्न पूछता है–

कब तक तुम मौन रहोगे ओ जन देवता।
रात गई पर न खुली अर्गला,
मुक्ति मिली पर न कटी शृंखला,
x x x
क्रान्ति शान्ति समता हेतु क्या-कहो
प्रलयंकर रुद्र न होगे जन देवता।

यह इस संग्रह की बड़ी ही सार्थक और मर्मस्पर्शी रचना है। रचना की शुरुआत की पहचान उसके पाठक और श्रोता होते हैं। डॉ. शंभुनाथ सिंह के पाठकों और श्रोताओं ने इस कविता को बहुत पसन्द किया। पुराने गीतों में जो लोकप्रियता

उनकी 'समय की शिला' को मिली थी, सामाजिक चेतना के गीतों में वही लोकप्रियता इसे मिली।

इस प्रकार हम देखते हैं कि 1950 ई. के आसपास जब 'नवगीत' अपने उद्भव की प्रक्रिया से गुजर रहा था, शंभुनाथ सिंह उसके भीतर प्रगाढ़ और परिपक्व प्रेम की सूक्ष्म अभिव्यंजना, सामाजिक चेतना के सार्थक धरातल, प्रकृति के जीवन्त चित्र, लोकजीवन और लोकगीत की भंगिमाओं वाली आंचलिकता के साथ लोकभाषा के चुने हुए शब्दों के प्रयोग से अपने गीतों को पुष्ट कर रहे थे। कालान्तर में ये ही मुख्य प्रवृत्तियाँ आधुनिक बोध के साथ मिलकर नवगीत का निकष बन गईं।

सन्दर्भ

1. डॉ. शंभुनाथ सिंह : व्यक्ति और स्रष्टा (पुस्तक समीक्षा), पृ. 2/2. वही, पृ. 4,5/3. वही, पृ. 7/4. समय की शिला (सारिका), पृ. 23/5. डॉ. शंभुनाथ सिंह : व्यक्ति और स्रष्टा (पुस्तक समीक्षा), पृ. 23/6. वही, (व्यक्तित्व), पृ. 25/7. वही, (पुस्तक समीक्षा), पृ. 16/8. वही, (मूल्यांकन), पृ. 55/9. वही, (पुस्तक समीक्षा), पृ. 10/10. समय की शिला, स्वर्गीय डॉ. शंभुनाथ सिंह अमृत समारोह, पृ. 3/11. डॉ. शंभुनाथ सिंह : व्यक्ति और स्रष्टा (पुस्तक समीक्षा), पृ. 97/12. आजकल (दिल्ली) दिसम्बर, 1991/13. सन्डे मेल, 22 सितम्बर, 1991/14. शंभुनाथ सिंह : व्यक्ति और स्रष्टा, मूल्यांकन, पृ. 29/15. वही, पृ. 30/16. उदयाचल की भूमिका/17. डॉ. शंभुनाथ सिंह, व्यक्ति और स्रष्टा (पुस्तक समीक्षा), पृ. 17/18. डॉ. शंभुनाथ सिंह, व्यक्ति और स्रष्टा (मूल्यांकन), पृ. 54/19. मन्वन्तर (शंभुनाथ) व्यथा सिंधु शीर्षक कविता।/20. मन्वन्तर (शंभुनाथ सिंह) मन्वन्तर शीर्षक कविता।/21. डॉ. शंभुनाथ सिंह, व्यक्ति और स्रष्टा (पुस्तक समीक्षा), पृ. 24/22. मन्वन्तर (शंभुनाथ सिंह) जनधारा शीर्षक कविता।/23. मन्वन्तर (शंभुनाथ सिंह) 'मेरा गाँव' शीर्षक गीत।

3

विकासकालीन नवगीत

स्वातंत्र्योत्तर परिस्थितियाँ :

लम्बे संघर्ष के बाद 1947 ई. में भारत को आजादी मिली। आजादी के साथ स्वशासन की स्थापना हुई। आजादी पुराने संघर्षों की मुराद को पूरी करती हुई तो आई, पर इसके आगमन के साथ ही भारत का विभाजन भी हुआ। भारत का एक अभिन्न अंग पाकिस्तान बन गया। पूर्वी और पश्चिमी दोनों छोरों पर दो हिस्से में पाकिस्तान अस्तित्व में आया। पाकिस्तान के निर्माण और भारत की आजादी के साथ कश्मीर-समस्या ने जन्म लिया। पाक ने कश्मीर पर आक्रमण करके उसके एक बड़े हिस्से को हथिया लिया जो आज तक उसके अधिकार में है जिसे वह 'आजाद कश्मीर' कहता है। भारत शांति और समझौते का मार्ग ग्रहण करता गया और पाक आक्रामक, भारत-विरोधी और साम्प्रदायिक विद्वेष फैलानेवाला रुख अपनाता रहा। अतः आजादी के साथ ही इस देश में साम्प्रदायिकता और सीमाओं पर शत्रु-संकट की दो समस्याएँ आईं। इन समस्याओं के क्रोड़ से जन्मी अनेक समस्याओं ने आज देश के मानचित्र को आवृत्त कर लिया है। आतंकवाद, अलगाववाद, नई साम्प्रदायिकता और क्षेत्रवाद-भाषावाद आदि की आज की समस्याएँ भारत के स्वातन्त्र्योदय के साथ ही क्षितिज पर प्रकट हुईं।

आजादी के पूर्व विश्व ने द्वितीय महायुद्ध की विभीषिका को अपनी आँखों से देखा। इसका सबसे बड़ा संकट एशिया को ही झेलना पड़ा। जापान के हिरोशिमा और नागाशाकी की विनाश-लीला को भारत ने महसूस किया। अणुयुद्ध की एक त्रासदी को देखने के बाद विश्व-मानव में एक भय और अस्तित्व-हीनता की भावना ने जन्म लिया। यह अणु आयुधों की विभीषिका वस्तुतः वैज्ञानिक युग के दृष्टिहीन द्रुतगामी चरण की विभीषिका थी। वैज्ञानिक प्रगति ने मनुष्य को यान्त्रिकता का पुतला बना दिया। भारत के संदर्भ में इस वैश्विक प्रगति का समाज-व्यवस्था पर बड़ा गहरा प्रभाव पड़ा। समाज में सम्मिलित कुटुम्ब व्यवस्था टूटने और चरमराने

लगी। परस्पर अविश्वास, स्वार्थ और अपनेपन का बोध बढ़ता गया। फल यह हुआ कि विश्वास, निःस्वार्थ सेवा, नैतिकता और आध्यात्मिक मूल्यों पर आधारित भारतीय समाज अपनी जमीन से ही कटने लगा।

स्वतंत्र भारत के मंत्र द्रष्टा तो महात्मा गांधी थे। वे स्वदेशी और स्वराज्य को एक ही सिक्के के दो पहलू मानते थे। इसीलिए उनकी स्वतन्त्रता-संग्राम की लड़ाई का सबसे बड़ा अस्त्र चरखा था। वे चाहते थे कि स्वतन्त्र भारत स्वावलम्बी बने, गाँव विकसित हों, खेती को प्राथमिकता दी जाए, कुटीर उद्योग बढ़ें और लघु उद्योगों के विकास द्वारा भारत अपने पैरों पर खड़ा हो सके। पर उनके ही द्वारा स्थापित भारत के प्रथम प्रधानमंत्री पं. जवाहरलाल नेहरू पश्चिमी जगत के औद्योगिक विकास, वैज्ञानिक प्रगति और वहाँ की सभ्यता की चमक से इतने प्रभावित थे कि उन्होंने गांधी जी के आदर्शों को केवल वाणी का आभूषण बनाया और कर्म में वे दूसरी दिशा में अग्रसर होते गए। उन्होंने देश में औद्योगीकरण पर बल दिया। वैज्ञानिक अनुसंधानों के लिए प्रोत्साहन दिया। तकनीकी शिक्षा को विशेष रूप से उन्होंने महत्व दिया। यह कार्य देखने में तो बुरा नहीं था, पर इसके तात्कालिक और दूरगामी दोनों ही परिणाम बड़े भयानक थे। जवाहरलाल स्वयं लंदन में शिक्षा प्राप्त और पश्चिमी सभ्यता में रचे-बसे महापुरुष थे। अतः देश में पश्चिमी सभ्यता की ऐसी आँधी बहने लगी कि योजना और विकास से लेकर शिक्षा और सभ्यता-संस्कृति तक पर पश्चिम का रंग चढ़ने लगा। धीरे-धीरे स्थिति यह हो गई कि हम अपनी ही जमीन पर कटते चले गए।

स्वातन्त्र्योत्तर भारत में और कुछ भले ही न हुआ हो पर नएपन की एक बलवती भावना का उदय पढ़े-लिखे वर्ग में अवश्य हुआ। देश की आर्थिक, राजनीतिक व्यवस्था पर पश्चिम के आधुनिकतावाद का तो प्रभाव पड़ा ही, सामाजिक जीवन में भी पश्चिमीकरण की प्रवृत्ति बढ़ती गई। साहित्य भी इससे अछूता नहीं रहा। छायावाद में जो कुछ भी खामियाँ रही हों और उसके शिल्प पर पश्चिम की रोमाण्टिक कविता का भी प्रभाव भले ही रहा हो, पर उसमें भारतीयता की छाप अवश्य थी। छायावादी कविता अपने जमीन के साथ जुड़ी हुई थी। अब नवीनता की ललक ने अज्ञेय के नेतृत्व में एक नए आन्दोलन को जन्म दिया जिसे प्रयोगवाद के नाम से जाना गया। 'तार-सप्तक' नाम से सात कवियों का एक संकलन अज्ञेय ने संपादित किया जिसमें नए प्रयोगों की बात संपादक ने कही। उक्त सात कवि 'अलग अलग राहों के अन्वेषी' थे। यदि उनमें एकता का कोई सूत्र था तो यही कि वे सभी प्रयोग कामी थे और कविता को आधुनिक जीवन की बौद्धिकता और नई संवेदना के साथ जोड़ने के अभिलाषी थे। 1943 ई. में 'तार सप्तक' का प्रकाशन हुआ और इसके बाद क्रमशः 'दूसरा सप्तक' और 'तीसरा सप्तक' भी सात-सात कवियों के संकलन के रूप में प्रकाशित हुए। 1950 तक आते आते प्रयोगवाद

नाम भी अपनी सार्थकता खोने लगा और आधुनिक बोध को व्यक्त करनेवाली कविता को 'नई कविता' का नया अभिधान मिला।

पिछले प्रसंगों में यह देखा जा चुका है कि डॉ. शंभुनाथ सिंह का व्यक्तित्व बड़ा ही नमनीय और लचीला है। वे छायावादोत्तर स्वच्छन्दतावादी धारा के सशक्त कवि के रूप में आधुनिक कविता में प्रतिष्ठित होते हैं, पर जब प्रगतिवादी काव्य की धूम मची तो वे उस नवीन आह्वान से अपने को अलग नहीं रख सके और युगधारा के साथ बह चले। यह बात अलग है कि उनके व्यक्तित्व का अपना स्वर स्वच्छन्दतावादी प्रेमधारा में भी सबसे अलग था और इस नवीन प्रगतिवादी धारा में भी वे अपनी निजता को कायम रख सके। प्रयोगवाद की हिन्दी कविता में धूम मची तो शंभुनाथ सिंह कुछ दिन तक इसके प्रति तटस्थ से रहे। इसका कारण शायद यही है कि प्रयोगवाद का जो स्वरूप सामने था, वह कवि को स्वीकार्य नहीं था।

नई कविता का उद्भव :

प्रयोग के नाम पर एंग्लो-अमरीकी कवियों की रचनाओं के अनुवाद, छायानुवाद और भावानुवाद हिन्दी कविता में प्रयोगशील कवि उतारने लगे थे। इसी को वे हिन्दी के लिए नई चीज कहकर परिभाषित करते थे। इनकी कविता में संत्रास, घुटन और अस्तित्व संकट की वितृतियाँ, स्वानुभूत नहीं अपितु आयातित थीं। खंडित बिम्ब, क्षण की अनुभूति, जटिल मनोदशा और साथ ही काव्य की नई बलौस शब्दावली सब कुछ उधार की सामग्री थी। इस बात का अहसास शंभुनाथ सिंह को भलीभाँति था। उन्होंने इसी कारण अपनी समालोचना पुस्तक 'प्रयोगवाद और नई कविता' में इस सम्बन्ध में अपना विचार व्यक्त करते हुए लिखा है :

"प्रयोगवादी कविता में कविता के तत्व बहुत कम हैं। प्रयोगवादी कवियों ने बलपूर्वक परम्परा का उच्छेद करना चाहा। किन्तु वास्तविकता यह है कि रुढ़ियों का उच्छेद सम्भव होते हुए परम्परा का उच्छेद सम्भव नहीं है। परम्परा इतनी हल्की नहीं होती कि इतनी शीघ्रता से उसका उच्छेद सम्भव हो। परम्परा पर बार-बार आक्रमण करने से परम्परा तो विच्छिन्न नहीं हुई पर प्रयोगवाद का शस्त्र कुंठित अवश्य हो गया।"[1] इस पुस्तक में डॉ. सिंह ने यह भी सिद्ध किया कि इन कवियों की अधिकांश कविता अंग्रेजी के कवियों का अनुकरण है। लेखक ने मुक्तिबोध की 'मुझे पुकारती हुई पुकार' की टी.एस.इलियट के 'वेस्टलैण्ड' से तुलना की और दिखाया कि मुक्तिबोध ने बिम्बों में ही नहीं उसके अनेक अंशों को भी अनूदित किया है।[2]

शायद यही कारण है कि प्रयोगवाद के साथ तो उनका जुड़ाव नहीं हो सका, पर जब डॉ. जगदीश गुप्त ने 'नई कविता' नाम देकर प्रयोगवाद से उसे अलगाने की कोशिश की तो शंभुनाथ सिंह इस 'नई कविता' के साथ हो लिये। डॉ. गुप्त की 'नई कविता' नाम से निकलनेवाली पत्रिका में शंभुनाथ सिंह के अनेक गीत

प्रकाशित हुए। 'परिमल' की गोष्ठियों में भी वे सम्मिलित होते थे और उन्हीं का यह कहना है कि 'नई कविता' के साथ ही 'नवगीत' का भी जन्म हो गया, भले ही इसे कभी नई कविता के गीत, कभी नव्यगीत, कभी नए गीत कहा जाता रहा हो। धीरे-धीरे उसी के लिए आगे चलकर 'नवगीत' शब्द रूढ़ हो गया।

डॉ. शंभुनाथ सिंह नई कविता के पक्षधर भी हो गए पर साथ ही नई कविता में वे गीत के साथ-साथ थे। उनके अनुसार 'नई कविता प्रयोगवाद का सहज और सामंजस्यपूर्ण विकास है। छायावाद स्थिति (थीसिस), प्रयोगवाद प्रतिस्थिति (ऐन्टीथीसिस) और नई कविता संस्थिति (सेन्थीसिस) है। उनके अनुसार नई कविता की चार प्रमुख विशेषताएँ हैं :

(1) आधुनिकताबोध बोध (2) वैयक्तिकता और सामाजिकता का सामंजस्य (3) अनुभूतियों का विशिष्ट स्वरूप (4) प्रतीकात्मक और खंडित बिम्ब।

यही चारों विशेषताएँ मुख्यतः नवगीत की भी हैं, अन्तर यही है कि वह छन्दबद्ध गेय रचना होती है और नई कविता छन्दहीन। डॉ. सिंह के अनुसार 'नवगीत' का उद्भव और विकास उन्हीं स्थितियों में हुआ जिनमें नई कविता का विकास हुआ था। नवगीत में भी नई कविता की सारी विशेषताएँ देखी जा सकती हैं। नवगीत आधुनिक हिन्दी काव्य की एकदम नई विधा नहीं प्रस्तुत नई कविता की ही एक विधा है।[3]

इस प्रकार नई कविता के उद्भव के साथ ही नवगीत का उद्भव भी होता है। नवगीत नई कविता के 50 से 60 के दशक में भी नवीन भावबोध और आधुनिक बोध का विधायक रहा। डॉ. शंभुनाथ सिंह ने नई कविता में भी अपनी पहचान को बनाया। इस दृष्टि से उनकी कृति 'माध्यम मैं' का बड़ा ही महत्वपूर्ण स्थान है। इसमें नई कविता की प्रमुखता अवश्य है, पर इसमें चार खंड हैं जिसमें एक खंड गीतों का है जिसमें लोकगीतों की अनुगूंज है। इस खंड की 'टेर' का अपना निजीपन है, अपनी पहचान है और उसमें अपनी मौलिकता भी है। शंभुनाथ के 'माध्यम मैं' की नई कविताएँ कितनी ही उच्च धरातल की रही हों पर वे काल के पाट में दबकर समाप्त हो गईं पर 'टेर' की अनुगूँज आजतक विद्यमान है। 'बरगद की छाँह', चैता के गीत', 'बैरी के काँटे', और 'केले के पात' शंभुनाथ सिंह के व्यक्तित्व को निचोड़ कर गीतों में ढाल देते हैं।

डॉ. शंभुनाथ सिंह के संग्रह 'माध्यम मैं' में उनके विविध रूप दृष्टिगत होते हैं—एक साथ ही छायावादी-छायावादोत्तर रागारुण पंख वाली कल्पना और उड़ान, नई कविता के बिम्ब विधायक चित्र और लोकगीतों के रस में पगे नए ढंग के गीत। यद्यपि इस संग्रह की नई कविता भी सराही गई है, पर हमारा लक्ष्य यहाँ उनके उन आंचलिकता से वैष्ठित, गाँव की सुगंधि से आप्तावित चतुर्थ खंड के गीतों की विशेषताओं को देखना है जो नवगीत की अगली जमीन का निर्माण करते हैं। उनकी नई कविता के सम्बन्ध में कहा गया है :

"हिन्दी की नई कविता का सर्वोत्तम बिम्ब-विधान शमशेर बहादुर सिंह और केदारनाथ सिंह की कविताओं में दिखाई पड़ता है। शंभुनाथ सिंह के बिम्ब-विधान की प्रक्रिया भी इन्हीं कवियों से जुड़ी है... लेकिन जहाँ शमशेर और केदार प्रायः अपने 'फार्म' या शिल्प के साथ जल्दी कोई खतरा उठाने को तैयार नहीं होते—वहाँ शंभुनाथ सिंह की नई कविता में बिम्ब या प्रतीक-निर्वाह के अलावा फार्म या शिल्प का कोई आग्रह नहीं दीखता। वे 'गीत' मुक्त होते ही 'लययुक्त' भी हो जाते हैं।"[4]

अब इस संग्रह के गीतों के सम्बन्ध में प्रसिद्ध गीतकार डॉ. श्रीपाल सिंह 'क्षेम' की सराहना के स्वर सुनें : "माध्यम मैं' की ये रचनाएँ ग्राम्य वातावरण और जीवनविधि को पकड़ने की तरफ बढ़ी हैं। बजता है ढोल कहीं पूजा के बोल, नीम का हिंडोला और मालिन का द्वार, एक बूँद-सी प्यासी माँ रही पुकार', जैसे अंश ग्रामजीवन की मान्यताओं और विश्वासमयी परम्पराओं को मुखर करते हैं।... ये गीत व्यक्तिपरक गीत न होकर लोकपरक गीत हैं और इनमें आत्माभिव्यंजन के स्थान पर लोकाभिव्यंजन की प्रधानता है। इनमें लोकगीतों की 'विरहिन प्रियाओं' की सी टीस भी उतारी गई है, और कवि ने उसके साथ तादात्म्य भी किया है। पावस की रात, बन पाँखी, बीन-ठगा-साँप, अधरतिया में बेला, दिन दोपहरी आदि नए प्रतीक अवश्य ही संवेदक और हृदयग्राही हैं। रात बीत गई, ऋतुमती, कातिक की धरती, छिपछिपकर चलती पगडंडी, करती नृत्य सुनहरी बाली आदि गीत लोकगीत के तंत्र और कथ्य को छोड़कर एक नागरिक कवि की दृष्टि से देखे गए ग्राम-सौन्दर्य से सम्बन्धित हैं।"[5]

यह मंजिल कवि की तीसरी मंजिल है। निःसंदेह यह सबसे अधिक प्राणवान है। यह नई कविता का युग है। कहा जा चुका है कि कवि नई कविता के क्षेत्र में भी अपनी निजता और प्राणवत्ता के साथ प्रवेश करता है। नई कविता से उसे नए बिम्ब और आधुनिक जीवन की जटिलता को समझने की सामर्थ्य मिलती है पर चूँकि यह कवि गाँव और शहरी दोनों जीवन का स्वतः भोक्ता है, उसके परिवेश का प्रत्यक्ष द्रष्टा है और उसकी तत्सम्बन्धी अनुभूतियाँ सत्य हैं, अतः अन्य नए कवियों के समान वह कृत्रिम अनुभूतियों का चित्र नहीं प्रस्तुत करता अपितु अपने जीवनानुभवों को कविता में रूपायित करता है। ये कविताएँ उसके अनुभव के साथ ही चिन्तन से भी वेष्ठित हैं। वे अपनी पिछली काव्य-यात्रा के दौरान स्वीकृत काव्य-सौन्दर्य सम्बन्धी मानदण्डों को अस्वीकार करते हैं और नए युग के नए अनुभव के साथ आधुनिक बुद्धिवादी चिन्तन के साथ उन्हें पचाया भी है। यही वह भूमि है जहाँ से कवि को 'नवगीत' की पीठिका बनाने की प्रेरणा मिलती है। 'नवगीत' अनुभव और चिन्तन का ही परिपाक और रसायन है। उसमें अनुभव की भावुक उड़ान भर नहीं है अपितु अपनी धरती, अपने गाँव, अपने घर, अपने देश, अपने समाज और अपनी संस्कृति के साथ जुड़कर एक नवीन जीवन-दर्शन का संधान भी है।

इस दृष्टि से जब हम विचार करते हैं तो यह बात बहुत साफ हो जाती है कि 'माध्यम मैं' तक शंभुनाथ एक ही जीवनानुभूति और एक ही जीवन-दर्शन को नई कविता और अपने नए गीतों में व्यक्त करते हैं। युग के प्रभाव या समसामयिकों की अनुकृति में भले ही कुछ कविताएँ इससे भिन्न प्रकार की भी लिखी गईं, पर कवि का मूलस्वर इन दोनों ही विधाओं में एकरस है। नई कविता के साथ-साथ नए गीतों की रचना तो ये बराबर करते रहे, पर ये नए गीत पुराने गीतों से अलग थे। उनकी भावधारा, उनमें व्यक्त चिन्तन, उनके बिम्ब और अभिव्यक्ति-विधान, भाषा, छन्द सभी दृष्टियों से इस बदलाव को देखा जा सकता है।

इस नए दौर में शंभुनाथ सिंह अपने पिछले हर दौर के समान अपनी अलग छाप और विशेषता के साथ ही उपस्थित होते हैं। प्रसिद्ध समालोचक और रचनाकार डॉ. शिवप्रसाद सिंह ने इसके सम्बन्ध में बेबाक शब्दों में टिप्पणी की है :

"शंभुनाथ सिंह नए से नए दौर में दाखिल होते रहे, पर कुछ ऐसा उनके भीतर भी था जो कहीं भी बेखबर नहीं था और अपनी इसी बदमूल प्रवृत्ति के कारण वे हर दौर में गुजरते वक्त कहीं भी अतिवादिता के शिकार नहीं हुए, छायावादोत्तर रोमानी कवि थे पर पिच्छल नहीं बने। वे प्रगतिवादी थे पर झंडाबरदार नहीं हुए। अग्निरस का स्वाद तो लिया, पर मशाल नहीं उठाया। प्रयोग किए पर मैनरिज्म से बचे रहे। नई कविता लिखी सही पर नग्नता, सेक्स, फूहड़पन को स्वीकार नहीं किया। मैं नहीं जानता कि उनके भीतर इन अतिवादी छोरों से बचने की कोई चेतना विद्यमान रही या नहीं। शायद जागरूक भाव से नहीं ही। यह उनके व्यक्तित्व का नतीजा है, जो नमनीयता, जिजीविषा के साथ संस्कारिता को भी लिए चलता है। यह चेतना उसी की सहज-स्वाभाविक प्रवृत्ति है।"[6]

उपर्युक्त संस्कार और जिजीविषा के साथ शंभुनाथ सिंह की एक मान्यता थी कि कविता की पहली शर्त यह है कि वह पहले कविता हो, वह अनबूझ पहेली नहीं होनी चाहिए। साथ ही उनकी यह भी मान्यता रही है कि वह अपने परिवेश और जमीन से आवश्यक रूप से जुड़ी होती है। इसीलिए नई कविता के दौर में भी कवि नए मार्ग की तलाश करता है और वह आश्वस्त भी है कि वह राह उसे मिलेगी अवश्य। जब वह 'खंडित सेतु' की कविताएँ लिखता है, जो केवल नई कविताएँ हैं, उनमें गीत बिलकुल नहीं हैं तो भी वह निराशा के गुहाथंकार में नहीं डूब जाता बल्कि आशा की किरण तलाशता है। अंधेरा थोड़ी देर का है जब वह अज्ञात सीढ़ियों वाले रास्ते से बीच वाली वृत्ताकार गुफा में पहुँच जाता है :

यहाँ भयंकर अंधकार में जुगनुओं के जलते-
बुझते प्रकाश, चमगादड़ों की फड़फड़ाहट
और अजगरों की सरसराहट के बीच एक

विचित्र मायालोक मेरी आँखों के
सामने प्रकट हो जाता है।[7]

यहाँ भी जुगनुओं का प्रकाश है। इन्हीं भावबोध की स्थितियों में वह 'मुर्दों का शहर' रचता है। 'मुर्दों के शहर' की सड़ाँध के साथ 'चन्दन की गन्ध' भी कवि के साथ है। ये दोनों ही जीवन की स्थितियाँ हैं। यही समग्र जीवन है। इसी समग्रता में शंभुनाथ जीते हैं। यही कारण है कि अन्य समकालीनों के विपरीत उनका मुर्दा शहर भी जी उठता है। जब वे मुर्दाशहर को देखते हैं तो भी उन्हें एहसास है कि यह शहर जी उठेगा–क्योंकि यह मरा नहीं है, महज सोया है–

कल शहर की नींद खुलेगी
और भीड़ों की नसों का
मुर्दा शहर जी उठेगा।[8]

और यह शहर दूसरी कविता में जी उठता है :

कल का मुर्दा शहर जी उठा है
और सड़कों पर बहती भीड़
मोर्चे की ओर दौड़ती
रजिमेण्ट बन गई है।[9]

शंभुनाथ की नई कविता का विवेचन इस प्रबन्ध की परिधि के बाहर है, पर यहाँ हम इस बात को लक्ष्य करना चाहते हैं कि यहाँ भी कवि की वह मूल मान्यता विद्यमान है जो उसके नए गीतों में है। इस मान्यता को तीन रूपों में हम इस नई कविता में देख सकते हैं–(1) कवि आज के निराशा और घुटन के वातावरण में भी आशावादी है, वह हताश और कुंठित नहीं है (2) वह अपने देश और अपनी संस्कृति के प्रति आस्थावान है। इस आस्था को अक्षुण्ण रखते हुए वह आधुनिकता की नई किरण का स्वागत करता है।[10] उसकी नई कविता में तुक और लय को तिरस्कृत करने का कोई दुराग्रह नहीं है। अपने अन्दर विद्यमान नए और पुराने अर्थात् आधुनिकता और संस्कृति के इस द्वंद्व को कवि बड़े ही ढंग से 'नागफनी के काँटे' में व्यक्त करता है। दुःख के प्रतीक 'नागफनी के काँटे' भले ही आज के यथार्थ हों, पर 'बूढ़े बरगद की बरोह' में अनचाहे ही उसका मन चोर की तरह उलझता रहता है–

अनजाने अनचाहे,
नागफनी के काँटे,
अपने हाथों अपने पाँव में चुभता रहा,
दूर समाधिस्थ बूढ़े बरगद की

झूलती बरोहों में
चोर की तरह अपना मन उलझाता रहा–
निरुद्देश्य।[11]

यह कवि सदैव युगबोध के साथ रहा है। भारत में पाक के साथ हुए युद्ध की छाया उसके मन पर है। जब वह अपनी कविता में युद्ध की विभीषिका प्रस्तुत करता है तो द्वितीय महायुद्ध की त्रासदी और एंग्लो–अमरीकी कवियों की जूठन नहीं परोसता है, इसी देश का भोगा हुआ सत्य कहता है। 'मिग' 'जेट' और 'राडार' उसकी अनुभूतियों की सत्यता का शिलालेख बन जाते हैं क्योंकि इन तीन शब्दों से ही भारत'पाक युद्ध आसानी से परिभाषित हो जाता है।–

भयंकर विस्फोटों ने सभी सूरतें
बदल दी हैं,
हर कमसिन चेहरा
एक मिगजेट दीखता है
सभी खूबसूरत आँखें
राडार यंत्र बन गई हैं।[12]

कवि के व्यक्तिगत राग-अनुराग के साथ ही उसका देशबोध भी जुड़ा हुआ है। उसके पास जब राग का पवित्र इशारों का एक झोंका आता है और चला जाता है तो उसमें एक चित्र बनाने की प्रेरणा होती है। यह चित्र मानो कवि के मन के वैयक्तिक रागबोध को देशबोध के साथ जोड़ देता है। व्यंजना यह भी हो सकती है कि उसके पवित्र इशारों को देनेवाली वस्तु उतनी ही प्रिय है जितनी उसे इस देश की धरती के शीर्ष चित्र–एवरेस्ट, मानसरोवर, धौलागिरि और कंचन जंघा–

कि मैं तुम्हारा एक चित्र बनाऊँ,
जिसमें एवरेस्ट तुम्हारा जूड़ा हो
मानसरोवर तुम्हारी आँख,
धौलागिरि तुम्हारा वक्षस्थल
और कंचन जंघा तुम्हारे पाँव;

अपनी आधुनिक बोध की समस्त स्वीकृति के बीच भी शंभुनाथ का कवि जाने या अनजाने अपनी संस्कृति के पद्चिह्नों की अमिट छाप को स्वीकारता रहा है। वह जानता है कि कोई भी आधुनिकता अपनी जमीन पर ही खड़ी होती है, वह आकाशबेलि नहीं हो सकती। इसीलिए समुद्र की तरह उर्मिल आधुनिकता की विश्व व्यापी लहर के आने पर भी और उसका स्वागत करते हुए भी कवि आश्वस्त है कि उसकी संस्कृति अमिट है। वह रुढ़ि का उच्छेदन स्वीकारता है, पर परम्परा

बड़ी चीज है। कलुष रुढ़ि बनते हैं और श्रेष्ठता का प्रवाह परम्परा बनती है। अतः कवि अपनी कई नई कविताओं में आदमी-आदमी के बीच इस 'सेतु' को तलाशता है और विश्वास के साथ घोषित करता है :

इसी तट पर खड़ा हो
मैंने कहा था एक दिन
ओ सिन्धु !
ये पदचिह्न मेरे हैं,
इनको मिटाने के पूर्व
तुमको स्वयं मेरे चरण पर
झुकना पड़ेगा।[13]

इस प्रकार हम देखते हैं कि नई कविता के दौर में भी शंभुनाथ में भविष्य के प्रति एक आशा की किरण है, अपने परिवेश के साथ पूरा-पूरा उनका जुड़ाव है, अपने देश के प्रति प्रेम की धारा आप्लावित है और अपनी संस्कृति के प्रति राग है। इन तात्विक भूमियों के साथ ही वे आधुनिकता बोध और उससे जुड़ी नई कविता को स्वीकारते हैं। जैसा पहले भी कहा जा चुका है कि नई कविता को स्वीकारते हुए भी वे गीत को कभी नकारते नहीं। 'खंडित सेतु' की नई कविताएँ और 'माध्यम मैं' की नई कविताओं और गीतों का लगभग एक ही कालखंड है। अतः पैटर्न, प्रस्तुति और परिवेशगत अन्तर के साथ जटिल और सहज मनोदशा के सामान्य अन्तर के साथ उनके नए गीत और नई कविताओं की भावभूमि प्रायः एक ही है।

इस संदर्भ में एक बात और भी ध्यान देने की है कि नई कविता की रचना करते हुए भी शंभुनाथ सिंह में शिल्प का दुराग्रह नहीं है। यदि ऐसा दुराग्रह होता तो नई कविता और नए गीत वे साथ-साथ नहीं लिखते। नई कविता में तुक और लय को कविता की बाधा समझकर नए कवि जहाँ परहेज कर रहे थे, वहाँ शंभुनाथ सिंह उनके साथ भी हैं। इस सम्बन्ध में प्रो. श्यामला कान्त वर्मा ने 'खण्डित सेतु' की समीक्षा करते हुए लिखा है :

"नई कविता में रूप तत्व और भावतत्व दोनों को नवीनता प्राप्त हुई है। छन्द के बन्धन टूट गए हैं और भाव को बोधगम्य बनाने के लिए 'नई कविता' के कवियों ने उपर्युक्त शब्द-चयन और उनके संयोजन पर बल दिया है। नवीनता लाने का यह प्रयास स्तुत्य था, किन्तु इसने कवि को आग्रही बना दिया और अधिकांश कवियों ने बेतुकी कविता को ही नई कविता समझ लिया। डॉ. शंभुनाथ सिंह ने उसके मूल स्वर को पहचाना है। उन्होंने भाव की महत्ता के लिए नई कविता का कलेवर स्वीकार किया है। इसलिए 'खण्डित सेतु' की अनेक कविताएँ तुकान्त तथा लययुक्त और मात्राबन्धन से युक्त हैं। केवल अतुकान्त और लयविहीन छन्दों

की बाजीगरी में पड़ने का आग्रह उन्होंने नहीं दिखाया है।[14]

इस प्रकार हम देखते हैं कि 'नई कविता' के खेमें में शरीक होने पर भी शंभुनाथ सिंह ने अपनी गीत-निष्ठा को बरकरार रखा। उनके 'माध्यम मैं' के गीत इसी काल में लिखे गए जो उनके अब तक के सम्पूर्ण कृतित्व में सबसे वजनदार हैं। साथ ही नई कविता में भी वे अन्य नए कवियों की तरह अपने मूल से उच्छिन्न नहीं हैं। उनके अन्तर्गत वहाँ भी अपनी मौलिकता है जो उन्हें अन्य कवियों से अलग लाकर खड़ा कर देती है। यह मौलिकता उनकी देश, समाज और संस्कृति की सम्पृक्तता, अपने अनुभव की सच्चाई से प्राप्त होती है। इन्हीं विशेषताओं के साथ वे नई कविता को ग्रहण करते हैं। यही विशेषताएँ 'नवगीत' की भूमिका बनाती हैं जिसे हम आगे के प्रकरण में देखेंगे।

आंचलिक गीत और ग्राम गीत : नवगीत के प्रारम्भिक रूप

1950-60 के दशक में 'नवगीत' अपने इस नए नामाभिधान के साथ प्रयोग में आया। इसके पूर्व से ही नई कविता के साथ-साथ नवगीत की प्रवृत्तियों का प्रारम्भ हो चुका था। इसकी प्रवृत्तियाँ प्रारम्भ में कुछ इस प्रकार की थीं–'लयात्मकता, संवेदनशीलता, रागात्मकता और युगबोध की सजगता में अभिव्यक्ति पानेवाली आधुनिकता को नवगीत के प्रथम चरण का प्रेरक तत्व माना गया है। उस काल के जिन कवियों में उपर्युक्त समन्वय की स्थिति उपलब्ध होती है, स्पष्टतः उन्होंने अपने काव्य में नए और अछूते विषयों को ग्रहण किया या पारम्परिक विषयों को नई दृष्टि से देखा है। ऐसी स्थिति में शिल्पगत नव्यता का आधार स्पष्ट है। स्वातन्त्र्योत्तर साहित्य की प्रत्येक विधा में आंचलिकता का तत्व प्रमुखता से उभरा है। इसके कई कारण थे। एक ओर साहित्य को जनसामान्य की चेतना से जोड़ने का प्रयास, दूसरे स्वयं साहित्यकार की उससे जुड़ने की लालसा इसके पीछे सक्रिय थी, साथ ही हिन्दी कविता के लिए यह विषय एकदम नवीन और अछूता था। इसलिए जिन नए कवियों ने 1950-60 के बीच गीत लिखे हैं उनमें आँचलिकता का तत्व ही प्रमुख है।[15]

उपर्युक्त विश्लेषण मेंआंचलिकता को नवगीत के एक प्रभावी प्रेरक तत्व के रूप में प्रस्तुत किया गया है। डॉ. विश्वनाथ प्रसाद ने 'धर्मयुग' के अपने चर्चित लेख, जो बाद में उनके द्वारा संपादित 'गीतायन' की भूमिका में छपा, में नवगीत का प्रारम्भ ठाकुर प्रसाद सिंह के 'वंशी और मादल' से माना है। इस सम्बन्ध में उनका कहना है कि 'वंशी और मादल' के पहले गीतों में बदलाव आ गया था। लेकिन गीतकारों को सही जमीन की तलाश थी। ठाकुर प्रसाद सिंह ने हिन्दी गीतों को एक ताजगी दी। उन्होंने नया सन्दर्भ, सौन्दर्य बोध और शिल्प दिया। 'वंशी और मादल' नए गीतों का सहज विकास था। इस संकलन के माध्यम से संगीत का नया रूप उसके नए वस्तु, संगठन और शिल्प से उभरा। लोक जीवन, लोक परिदृष्य, और

लोक भाषा की सहजता को भी कलात्मक निखार के साथ लय में बाँधा गया।'[16]

डॉ. प्रसाद के उपर्युक्त कथन में शब्दजाल अधिक है। यह बात समझ से परे है कि 'वंशी और मादल' में नया संदर्भ, नया सौन्दर्य बोध और नया शिल्प किस रूप में है ? लोक जीवन और लोक परिदृश्य तो उसमें है, पर लोक भाषा कहाँ है जिसकी सहजता का निखार यहाँ देखा गया है। हाँ उसमें लोक गन्ध है जिसे 'आंचलिकता' कहकर अधिक अर्थबोधक रूप में रेखांकित किया जा सकता है। यही कारण है कि उनकी स्थापना और तर्कपद्धति को नकारते हुए राजेन्द्र गौतम ने लिखा है कि 'वंशी और मादल' अपने अछूते सन्दर्भों और आंचलिक ताजगी के कारण एक विशिष्ट गीत-कृति है परन्तु उसने नवगीत में इस रूप में अपनी परम्परा बनाई कहाँ है, जिससे उसे नवगीत की प्रवर्तक कृति कहा जाए।'[17]

ठाकुर प्रसाद सिंह ने 'वंशी और मादल' की भूमिका में स्वयं लिखा है कि 'लोक जीवन से अभिव्यंजना का माध्यम ग्रहण करने की जिस प्रवृत्ति से कविता प्रयोग का खेल बनने से बच गई, उसी ने मेरी इन कविताओं के भीतर प्रेरणा का कार्य किया है।[18] स्वयं इस कृति का वृत्तिकार ही कह जाता है कि 'लोक जीवन से अभिव्यंजना ग्रहण करने की प्रवत्ति हो गई थी और वही इस कवि की प्रेरणा है। सवाल यह है कि यह प्रवृत्ति कहाँ-कहाँ थी, इसे दिखाने की जहमत डॉ. प्रसाद ने नहीं की। कुछ उड़ान भी उन्होंने भरी तो माखनलाल और 'नवीन' तक जा पहुँचे जहाँ नवगीत के काम की कई बातें हैं, पर लोक जीवन न वहाँ अभिव्यंजना का माध्यम है औन न वहाँ आंचलिकता है।

राजेन्द्र गौतम का इस सम्बन्ध में अपना निष्कर्ष है कि 'बाद के जिन कवियों—डॉ. शंभुनाथ सिंह, डॉ. केदारनाथ सिंह, नईम और अनूप अशेष आदि—ने आंचलिकता और लोक संवेदना को अपनाया भी है, तो एक भिन्न सन्दर्भ में। डॉ. शंभुनाथ सिंह के 'माध्यम मैं' में संकलित गीत रचनाकाल की दृष्टि से 'वंशी और मादल' के गीतों से बहुत बाद के नहीं हैं और वे गीत उपर्युक्त लोक-चेतना से रहित भी नहीं हैं।'[19] इस दृष्टि से यदि पड़ताल की जाए तो 'वंशी और मादल' का प्रकाशन वर्ष 1959 ई. है और 'माध्यम मैं' का प्रकाशन वर्ष 1957 ई. है। रही इन गीतों के लेखनकाल का सम्बन्ध तो ठाकुर प्रसाद सिंह के कुछ संथाली गीत 53-54 ई. के आसपास ही प्रकाश में आ गए थे और शंभुनाथ सिंह के 'माध्यम मैं' में भी 53 से 57 तक के बीच के लिखे गीत संग्रहीत हैं। गरज यह कि इन दोनों ही संग्रहों के गीत लगभग एक ही समय में लिखे गए। मैं तो यह कहूँगा कि 53 में प्रकाशित संग्रह 'दिवालोक' में ही जनबोध की कविताओं में जन से जुड़ने की भावना आ गई थी। श्रमजीवी के श्रमसीकर का निरूपण या जनदेवता के मौन पर प्रश्न करने में गाँव की संवेदना तो शुरु हो गई थी, पर उसकी भाषा का मुहावरा अभी नया नहीं था। साथ ही उसे जनबोध के गीत तो कह सकते

हैं, पर आंचलिक नहीं। संदेह नहीं कि 'दिवालोक' के इसी ग्रामबोध और जनबोध ने आंचलिक गीतों के लिए जमीन बना दी थी।

शंभुनाथ के 'माध्यम मैं' के गीतों में आंचलिकता का स्वर ठाकुर प्रसाद सिंह के संथाली गीतों के समान एकदेशीय नहीं है। यही सही है कि ठाकुर ने संथाली परिवेश में आदिम संवेदना का ही निरुपण किया है, पर परिवेशगत एकरूपता तो उसमें है ही। 'माध्यम मैं' के गीतों में परिवेशगत विविधता और संवेदनागत सार्वदेशिकता दोनों है। इन दो तत्वों से युक्त आंचलिकता ही वस्तुतः नवगीत में एक तत्व के रूप में प्रतिष्ठित होती है जिसकी प्रवृत्ति फणीश्वरनाथ रेणु के उपन्यास 'मैला आंचल' से प्रारम्भ हुई और गीतों में कई लोगों ने 50-60 के दशक में इसे चलाया, पर शंभुनाथ ने इसमें भाषा, शिल्प और अभिव्यक्ति-कौशल की नव्यता को जोड़कर सही मायने में इसे नवगीत की जमीन के रूप में पेश किया।

इस सम्बन्ध में देवेन्द्र शर्मा 'इन्द्र' ने 'माध्यम मैं' के गीतों का उचित मूल्यांकन करते हुए लिखा है : " 'माध्यम मैं' प्रकाशन के साथ-साथ उनके नवगीतकार का व्यक्तित्व प्रकाश में आया। टेर रही प्रिया तुम कहाँ, पुरवैया धीरे बहो, मन का आकाश उड़ा जा रहा, बजता है ढोल कहीं पूजा के बोल, छिप-छिप कर चलती है पगदंडी धन खेतों की छाँव में, पिया न आए आमों में आ गया टिकोरा री जैसे एक से एक सुन्दर, सरस और मार्मिक भाषा और छन्द के स्तर पर सर्वथा अछूते और ताजे गीतों की अनवरत रचना के द्वारा शंभुनाथ जी स्वयं को जहाँ परम्परागत गीत रुढ़ियों से मुक्त कर रहे थे, वहाँ उन्होंने अपने अन्य समकालीन और परवर्ती नवगीतकारों के लिए दिशानिर्देशन की महत्वपूर्ण भूमिका निभाई; किन्तु 'माध्यम मैं' के गीतों को हम पूरे तौर पर नवगीत नहीं कह सकते। हाँ इतना अवश्य कहा जा सकता है कि इस संग्रह के गीत छन्द-विधान, लयात्मकता और भाषा की ताजगी के स्तर पर अन्य गीतकारों की रचनाओं से कुछ विशिष्ट के। शंभुनाथ जी के इन गीतों और आगे चलकर 'वंशी और मादल' के संथाली धुनों पर लिखे गीतों ने नए गीत को अधिक आंचलिक और लोकोन्मुख बनाया।[20]

इसके साथ इतना और जोड़ना चाहूँगा कि आंचलिकता की सूक्ष्म रेखाएँ और नई भाषा का ताजापन 'दिवालोक' के ही कुछ गीतों से प्रारम्भ हो गया था। उदाहरण के लिए–

ओ अमर बेल, तेरा आकाशी बन्धन चक्करदार,
आमूल शिखर घिर तुमको मैंने लिया शीश पर धार।
सपनों की जादूगरी कहीं या आसमान का खेल,
रेशमी छाँह दे फिर काँटों सी गड़नेवाली बेल !
अब सूँखू या हरा रहूँ पर हूँ तुमसे भरपूर,
गुदने सी अंकित तुम मुझपर अब पास रहो या दूर !

यहाँ अमरबेल के चक्करदार बन्धन, उसकी कँटीली झाड़ी की रेशमी छाँह, फिर उसके द्वारा आवृत्त वृक्ष का सूखना कितनी अनुभूति से ग्राम्य प्रकृति के अंचल की पहचान उपस्थित करता है। 'गुदने सी अंकित' पदबन्ध तो आंचलिकता का एक झोंका भी दे देता है। कोई भी सहज और सशक्त कवि एक बारगी कोई नई शुरुआत नहीं करता है बल्कि उसकी जमीन बनते-बनते बनती है। मैं समझता हूँ कि 'माध्यम मैं' की आंचलिकता और नए तेवर के गीत-शिल्प की जमीन 'दिवालोक' के गीतों से ही बननी प्रारम्भ हो गई थी। उसका पूर्ण परिपाक 'माध्यम मैं' में आकर हुआ।

ऊपर नवगीत के एक सशक्त हस्ताक्षर और विचारशील समीक्षक श्री 'इन्द्र' के विचारों को प्रस्तुत किया जा चुका है। अब इसी के साथ एक पुराने प्रतिष्ठित गीतकार और समर्थ समीक्षक डॉ. श्रीपाल सिंह 'क्षेम' के विचारों को उद्धृत करना समीचीन होगा। वे लिखते हैं :

"पिछले गीतों में यदि 'पर' 'स्व' में डूब गया था तो यहाँ 'स्व' ही 'पर' में विलीयमान हुआ है। 'पावस की रात', 'बनपाँखी', बीन-ठगा साँप, 'अधरतियाँ में बेला', दिन दोपरी' आदि नए प्रतीक अवश्य ही संवेदक और हृदयस्पर्शी हैं। 'रात बीत गई', 'ऋतुमती', कार्तिक की धरती', छिप-छिपकर पगदंडी धनखेतों की छाँव में, 'करती नृत्य सुनहरी बाली' आदि गीत लोकगीत के तन्त्र और कथ्य को छोड़कर, 'एक नागरिक कवि की दृष्टि से देखे गए ग्राम्य-सौन्दर्य से सम्बन्धित हैं। इसी प्रकार मन का आकाश उड़ा जा रहा, पुरवैया धीरे बहो गीत में संगीत तो लोकगीत का है, पर आगे समस्त कथ्य कवि की निजी और आत्मनिष्ठ अनुभूति तथा प्रयोगवादी और 'नए कवि का स्वान्तः प्रकाशन है। इसी प्रकार श्री शंभुनाथ सिंह ने सन् 1950 के पश्चात् लोकगीतों की विधा, अभिव्यक्ति और संगीत से भी कुछ नई संभावनाओं को लेकर हिन्दी गीतकारों को सौंपा है।, जिसका पूर्ण आकलन भविष्याधीन है।"[21]

इसी प्रकार हम देखते हैं कि शंभुनाथ सिंह के 'माध्यम मैं' में यद्यपि अधिकतर नई कविताएँ हैं और उसके चार खंडों में से एक ही खंड गीत को समर्पित है, पर उसके गीतों में एक नवीनता है। उसमें एक ताजगी, आंचलिकता को नए रूप में पेश करने में भी है और भाषा-शिल्प के नवोन्मेश में भी है। यही कारण है कि इस संग्रह के गीतों के नए तेवर तथा इसके द्वारा 'नवगीत' की पृष्ठभूमि बनाए जाने सम्बन्धी बात को सभी प्रमुख नवगीतकार तथा नवगीत के समीक्षक स्वीकार करते हैं।

शंभुनाथ सिंह के आंचलिक गन्धवाले गीतों के वस्तुपरक मूल्यांकन की दशा में उनके कुछ गीतों की बानगी लेनी आवश्यक है। इस क्रम में सर्वप्रथम उनकी बहुचर्चित रचना 'पुरवैया धीरे बहो' का कुछ अंश प्रस्तुत है :

मन का आकाश उड़ा जा रहा,
    पुरवैया धीरे बहो।
बीती बातों पर सिर टेककर
टेर रहा मन भूली नींद को,
धूप छाँह की गंगा यमुना में
डुबो रहा हँस हँस उम्मीद को।
    अपना विश्वास लुटा जा रहा
    पुरवैया धीरे बहो।
मैं वह पतझर जिसके ऊपर से
धूलभरी आँधियाँ गुजर गई
दिन का खंडहर जिसके माथे पर
अँधियारी साँझ भी ठहर गई
    जीवन का साथ छुटा जा रहा
    पुरवैया धीरे बहो।

यहाँ पुरवैया धीरे बहो' की लोकगीतात्मक टेक को लेकर कवि आंचलिकता की बन्ध से इस गीत को भर देता है। इसके साथ ही वह नवगीत के नए मुहावरे का इसी कविता में प्रारम्भ कर देता है। ग्राम्य बिम्बों से भरी इस रचना में एक नई ताजगी और नया तेवर है। 'धूप छाँह की गंगा यमुना में उम्मीद को हँस-हँस डुबाना', 'पतझर जिसके ऊपर से धूल भरी आँधियों का गुजरना', 'दिन के खंडहर पर अँधियारी साँझ का ठहरना', इसी प्रकार के प्रयोग हैं। इन प्रयोगों में जीवन की गहरी अनुभूति के साथ भाषा का सहज बाँकपन भी लक्षित करने योग्य है।

पूरी-पूरी लोकगन्ध और आंचलिक संवेदना के साथ मन की पीड़ा को व्यक्त करनेवाला गीत 'पिया न आए आमों में आ गया टिकोरा रे' के कुछ छन्द द्रष्टव्य हैं–

साँझ सकारे चम्पा फूले
अधरतिया में बेला
दिन दोपहरी डह डह डहके,
दुपहरिया अलबेला।
एक मौन जपता
विरहिन का यौवन कोरा रे।

'पूत-पूत' धुन पाण्डुक रटता
चातक 'पी-पी' रटता
कोयलिया की कुहू कुहू से

अलसाया दिन कटता
एक मौन जपता विरहिन का यौवन कोरा रे।
पिया न आए, आमों में आ गया टिकोरा रे।

नई बंदिश और अपनी चिरपरिचित विरोधाभासी शैली में वे लोकगीत की धुन में लिखते हैं—

कौन से टिकोरे में किसके ये फूल रे ?
आम के टिकोरे में महुए के फूल रे।
विरम गए पिया तुम कहाँ ?
टेर रही प्रिया तुम कहाँ ?

उद्दीपक प्रकृति का लोकगीतात्मक चित्र प्रस्तुत करते हुए गीत के लिए एक नए धरातल का निर्माण किस खूबी से कवि करता है, इसे गाँव के चिरपरिचित पक्षियों की बोल और उनके द्वारा उत्पन्न मादक वातावरण को देखने के लिए इन पंक्तियों की बानगी सामने है—

बँसवारी में मैना बोली
पीपल पर कोयलिया,
आँगन की चन्दन गछिया पर
बोला कागा छलिया।
दूर किसी झुरमुट में बोला
बन का मोरा री।

आंचलिकता को गीत में उतारने का प्रयास तो 50-60 के दशक में बहुत हुआ पर जितना अनुभूत और सच्चा रूप इन गीतों में मिलता है, वही इनका विशेष आकर्षण है। कौन पक्षी कहाँ बोलता है, इसकी सही पकड़; किस पक्षी के बोलने में क्या संवेदना उमड़ती है उसका सच्चा भावबोध और एक शब्द में ही अनन्त व्यंजना का सागर भरने की कला उपर्युक्त सीधे और सपाट गीत में दृष्टिगत होती है। आँगन की चन्दन गाछ पर कागा का बोलना क्या व्यक्त करता है, पर रोज रोज उसका परिणाम क्या होता है इसके गद्यात्मक विस्तार की अपेक्षा कागा का 'छलिया' विशेषण ही सब कुछ कहने की सामर्थ्य से युक्त है।

गाँव की भोली-भाली तरुणी गाँव की पगदंडी पर जा रही है, शायद अपना गाँव छोड़कर पराए गाँव जा रही है। उसके अंगों के गहनों में और परिवेश में आस-पास की प्रकृति को समेट कर 'माध्यम मैं' की 'पगदंडी' शीर्ष कविता में कहता है—

रुनझुन बिछिया झींगुर वाली
किंकन ज्यो बगपाँत

स्वंयवरा बन चली बावरी
क्या दिन है क्या रात है
पहरु में कुछ पीली कलँगी वाले पेड़ बबूल के
बरज रहे ही पाँव न धरना भोरी कहीं कुठाँव में
अपना ही आँगन क्या कम जो चली पराए गाँव में।

इस प्रकार कवि शंभुनाथ सिंह के 'माध्यम मैं' के गीतों में आंचलिकता का कोई एकदेशीय या पुनरावृत्त रूप नहीं है। उसमें विविधता है और साथ ही उसके माध्यम से अन्तर की भावना को व्यक्त करने की पूरी क्षमता है।

समग्र जीवन बोध

शंभुनाथ सिंह केवल आंचलिकता या ग्रामबोध के कवि नहीं अपितु समग्र जीवनबोध के कवि हैं। उनमें ग्रामचेतना और ग्रामबोध की जितनी क्षमता है, उससे कम नगरबोध की नहीं। सच तो यह है कि वे जीवन को–चाहे वह गाँव का हो या शहर का–लक्ष्य करके 'स्व' और 'पर' के बीच सेतु निर्माण करते हैं और अपनी नवीन काव्य-भंगिमा में लोक को प्रतिष्ठित करते हैं। "उन्होंने एक ओर (विशेषतया अपने गीतों में) ग्रामीण जीवन की संवेदना, परिवेश और स्वर से अपने काव्य को जीवंतता और आदिम गन्ध दी है, दूसरी ओर नगर जीवन की यांत्रिकता, अकेलेपन और संत्रास को जटिल और बौद्धिक बिम्बों द्वारा उभारा है।" शंभुनाथ गांव और शहर दोनों के साथ जुड़े रहे हैं। दोनों का उनका अनुभव अपरोक्ष है। अतः इन अनुभवों की अभिव्यक्ति भी सच्ची है। 'इस सत्य-यात्रा में वे कभी गाँव की संवेदना से कभी शहर की संवेदना से, कभी राष्ट्रीय-सामाजिक परिवेश से, कभी अन्तर्राष्ट्रीय प्रश्नों और धारणाओं के बीच से गुजरता है।'

डॉ. रामदरश मिश्र ने इस सम्बन्ध में अपना निष्कर्ष देते हुए लिखा है–'कवि ने अपने नए गीतों में इन दोनों जीवन-अनुभवों को बहुत सुन्दर बिम्बों द्वारा बड़ी संश्लिषृता और सघनता से उभारा है। ये गीत कवि के पहले के गीतों की तरह उत्तेजना और भावुकता की अस्पष्ट स्पष्टता से निर्मित न होकर गहन अनुभवों, चिन्तन और दृष्टि की स्पष्ट सघन संश्लिष्टता से रचित हैं। कवि ने इनमें लोक-जीवन या लोक-परिवेश के साथ गहरा तादात्म्य स्थापित किया है।"[22]

ग्राम अनुभूतियाँ या आदिम जीवन के संवेग की अभिव्यक्ति नई भाषा-भंगिमा में व्यक्त करता है–

उस पार पहाड़ों के मेरा मन रहता है
जब दिन का गरुड़ पहाड़ों पर मँडराता है
कापलपक्कू सन्नाटें को दुहराता है
कच्चे पहाड़ सा मन दुहरा हो ढहता है।

इसमें बिम्बात्मकता की विशेषता कथ्य को सामान्य आंचलिकता से आगे बढ़ा देती है। 'दिनका गरुड़' 'सन्नाटे का दुहरा हो जाना' 'कच्चे पहाड़ सा दुहरा होकर मन का ढहना' नए और ताजे प्रयोग हैं। आंचलिक गीत की हृदय को छूनेवाली भावुकता तो 'वंशी और मादल' के 'पाँच जोड़ बाँसुरी' गीत में इससे कहीं ज्यादा है। तुलना के लिए वह गीत भी प्रस्तुत है–

वासन्ती रात के विह्वल पल आखिरी
पर्वत के पार से बजाते तुम बाँसुरी
पाँच जोड़ बाँसुरी
वंशी स्वर उमड़ घुमड़ रो रहा
मन उठ चलने को हो रहा
धीरज की गाँठ खुली तो लेकिन
आधे अँचरा पर पिय सो रहा
मेरा मन तोड़ रहा पाँसुरी
पाँच जोड़ बाँसुरी।[23]

ठाकुर प्रसाद सिंह के इस गीत में सहज बोध है और शंभुनाथ सिंह के गीत में सहजता के साथ भाषा की बुनावट है जो आधुनिक बौद्धिकता के साथ-साथ चलती है। नगरबोध को भी व्यक्त करने में कवि ने मानसिक स्तर पर बिम्ब विधायन द्वारा नवीन ढंग की अभिव्यक्ति दी है। 'जुहू तट पर आधी रात' गीत में कवि ने नागर जीवन की वैसी ही रागात्मक संवेदनाओं को व्यक्त किया है। अन्तर यही है कि परिवेश बदला हुआ है और भाषा भी अभिजात्य लिए हुए है–

अगणित पगध्वनियों की छाप यहाँ मुद्रित है
अनगिनत प्रतीक्षाएँ बालू पर अंकित हैं
छूट गईं इस सूने तट पर जो अनजाने
शापग्रस्त परियों सी भटक रहीं वे तानें।

शापग्रस्त परियों की मिथकीय बिम्ब यहाँ ध्यातव्य है। मिथकीय बिम्बों की प्रचुर सृष्टि इस कवि ने अपने नवगीत के उत्कर्ष काल में किया है जिनका प्रारम्भ भी इसी समय हो गया था।

शंभुनाथ सिंह अद्‌भुत रागात्मकता, कल्पनाशीलता और सृजनशीलता के कवि हैं। यही कारण है कि हर युग के साथ वे खड़े हो जाते हैं और अपने उपर्युक्त गुणों के कारण प्रत्येक युग के साथ विशिष्ट होकर अभिव्यक्त होते हैं। यही कारण है कि उनमें ग्राम और नगर दोनों का समग्र बोध एक सी अभिव्यक्ति-क्षमता के साथ उपस्थित हो सका है।

भाषा छन्द-कथ्य की भंगिमा :

ऊपर 'माध्यम मैं' और 'दिवालोक' के गीतों की भाषा की ताजगी और उनकी अभिव्यक्ति क्षमता की बानगी बीच-बीच में दी गई है। लोक भाषा के साधारण शब्दों में असाधारण अर्थवत्ता प्रकट करना ही नए गीतकार की विशेषता होती है और यह विशेषता शंभुनाथ सिंह में है। यह एक प्रकार से युग-प्रवृत्ति की। कोई शंभुनाथ जी का यह अपना अविष्कार नहीं है। पाँचवे दशक में ग्राम्य जीवन की आंचलिक अनुभूतियों को ताजा अभिव्यक्ति मिली। लोक जीवन का यह अटूट आकर्षण तब तक चटख रंगों के साथ उभरता है, जब तक एकरसता और अभिव्यक्ति का संकट आता है। लोकतत्व समूचे जीवन के सांस्कृतिक बहाव का उत्स होने के कारण अनन्त है। नवगीत के शिल्प और भाषा में आए बदलाव के साथ एक अन्ध अनुपद दौड़ भी शुरू हुई। बहुत से नवगीतकार आंचलिक और बोलचाल के शब्दों का मुलम्मा चढ़ाकर अनगढ़ प्रस्तुतियों की एक दौड़ में शरीक हो गए। जाहिर है कि जो शब्द घुले-पचे नहीं थे, वे अपनी जगह से कच्ची अनसधी कलमों की कारगुजारियों की गवाही देते।"[24] इस कथन को उद्धृत करने का तात्पर्य यह है कि लोकभाषा के शब्दों की प्रदर्शनी लगा देने से नए गीत की नई भाषा नहीं बन जाती है, अपितु उन शब्दों की सार्थक संगति, उनकी प्रभावोत्पादकता और उनकी परम्परित अर्धध्वनि के साथ बिम्बित नवीन अर्धछवियाँ उनके प्रयोग की सार्थकता सिद्ध करती है। परम्परित शब्द बासी और घिसे होते हैं, पर उनके संदर्भ को नए अनुभव से जोड़कर तथा उन शब्दों के नए स्फोट से उनमें नई अर्थवत्ता एवं प्राणवत्ता के समावेश से वे ताजे और युगबोध के वाहक बन जाते हैं।

उपर्युक्त विशेषता को ध्यान में रखकर शंभुनाथ की इस काल की भाषा का विचार करें तो उसकी आंचलिकता जहाँ ठेठपन तक पहुँची है, उसकी अर्थवत्ता काव्यशास्त्रियों के अनुसार रस-ध्वनि का स्पर्श करती है। जब कवि कहता है—'पिया न आए, आमों में आ गया टिकोरा रे' तो वह व्यंजना द्वारा मधुऋतु आने की बात कहता है ओर उनके गमन के समय से जब आम के पेड़ ठूँठ थे, पर टिकोरा लगने के समय का अन्तराल भी व्यंग्य है। व्यंग्यरस विरहिणी की विरहाकुलता है। पदुमावति' में जायसी ने भी अलाउद्दीन के चित्तौड़गढ़ को घेरने के 8 वर्ष के समय को बताने के लिए ऐसा ही प्रयोग किया था—

> साथ साहि अमराव जो जाए।
> फरे झरे पर गढ़ नहिं पाए।

उपर्युक्त गीत में 'पूतपूत' धुनि पांडुक की 'पी पी' चातक की और 'कुहू कुहू' कोयल की है। यही उनकी प्रकृत ध्वनि है। यहाँ विरहिन के संदर्भ में ये ध्वनियाँ विशेष अर्थगर्भित हैं। 'पूत-पूत' से उसकी पुत्रकामना का स्मरण, पी पी से प्रिय

की स्मृति और कुहू कुहू से अन्तर की कुहुकभरी हूक प्रकट होती है। नमूने के लिए एक गीत के कुछ बड़े सीधे शब्दों को सामने रखा गया है जिससे आंचलिक शब्दावली के प्रयोग में कवि की सजगता प्रकट होती है।

शंभुनाथ जी स्वयं भाषा की बिम्बात्मकता के आग्रही हैं। उनकी भाषा की ताजगी, सौन्दर्य और अर्थवत्ता के वाहक उनके बिम्ब ही हैं। इस सम्बन्ध में राजेन्द्र गौतम लिखते हैं "इनके बिम्ब अप्रस्तुत सापेक्ष उतने नहीं हैं जितने वे प्रतीक सम्पन्न हैं। परिणामतः उनके बिम्बों में वह वस्तुपरकता विद्यमान है, जिसका विकास पश्चिम में इलियट, पाउण्ड, ह्युम आदि ने स्वच्छन्दतावाद विरोधी आन्दोलन के रूप में किया था। उनकी यह योजना संश्लिष्ट अर्थों की अभिव्यक्ति में बहुत सफल रही है, एक उदाहरण द्रष्टव्य है :

गलियों से मुर्दों की गन्ध
सड़कों से प्रेत का कुआँ
घर से दानव का पिंजड़ा
द्वार से मसान का धुआँ
खिड़की से गूँगे उत्तर
देहरी से चीखते सवाल
मुझको क्या क्या नहीं मिला
मन ने सब कुछ रखा सँभाल।"[25]

इसमें कितने बिम्ब हैं–मुर्दों की गन्ध, गूँगे उत्तर, चीखते सवाल, भाव बिम्ब हैं तो प्रेत का कुआँ, दानव का पिंजड़ा, निजधरी बिम्ब और मसान का धुआँ स्थूल चाक्षुष बिम्ब होते हुए भी भावबोधक है। इन समस्त बिम्बों के संश्लिष्ट प्रभाव को मनने सँभाल रखा है। 'सँभाल रखा' में भी एक बड़ी दूरगामी भाव-व्यंजना है। प्रतीकों में लोककथात्मक स्रोतों का भी सार्थक उपयोग कवि ने किया है। राजा के साथ हाथी घोड़े और रानी के साथ सोने के बाल वाली रानी की लोककथाएँ बहुप्रचलित हैं। वे इनके प्रतीकों का सार्थक उपयोग करते हैं–

राजा से हाथी घोड़े। रानी से सोने के बाल
मुझको क्या क्या नहीं मिला। मनमें सब कुछ रखा सँभाल
चन्दा से हिरनों का रथ। सूरज से रेशमी लगाम।

डॉ. शंभुनाथ सिंह ने नवगीत की भाषा को लक्ष्य करके लिखा है कि 'नवगीत की भाषिक नवीनता, ताजगी, सांकेतिकता और प्रतीकात्मकता ही उसकी सर्वप्रमुख पहचान बन गई है। यह वक्तत्व-विवरण, विवेचन और दुरुह पहेली की भाषा में नहीं बल्कि बिम्बों, प्रतीकों और संकेतों की ध्वन्यात्मक भाषा है।'[26] उपर्युक्त विवेचन में

यह देखा गया है कि उनकी गीत-भाषा उनकी मान्यताओं के अनुरूप उत्तरोत्तर ढलती चली जा रही थी और उसकी शुरुआत 'माध्यम मैं' के गीतों से ही हो जाती है।

नवगीतों की भाषा की आंचलिकता सम्बन्धी विशेषताएँ प्रमुख रूप से आलोचकों द्वारा रेखांकित हुई हैं। डॉ. आनन्द गौतम के अनुसार, "नवगीतों की भाषिक संरचना अपनी सहजता, सुबोधता, स्वाभाविकता और लोकोन्मुखता के कारण नई कविता की अभिजात संस्कारों वाली भाषा तथा पारम्परिक गीतों की गलदश्रु भावुकता वाली भाषा से नितांत भिन्न और विशिष्ट है। वह लोकाश्रित भाषा है, उसमें आंचलिक बोलियों के शब्दों और मुहावरों का खुलकर प्रयोग हुआ है। लोक-भाषा से जुड़ी हुई होकर भी वह अपनी भंगिमा और तेवर के कारण विशिष्ट एवं अर्धवत्ता की अनन्त सम्भावनाओं को लिए हुए है।"[27]

कहने की आवश्यकता नहीं कि इस निष्कर्ष पर भी शंभुनाथ की भाषा अपनी नई पहचान बना लेती है। आंचलिक भाषा के शब्दों का जितना विविध प्रयोग शंभुनाथ की कविता में मिलता है, उतना इस दशक के अन्य कवियों में कम ही मिलता है।

नवगीत आधुनिक जीवन की संवेदनाओं से जुड़ी छांदसिक अभिव्यक्ति है।[28] इसे आधुनिक बोध की गीतात्मक अभिव्यक्ति भी कह सकते हैं। डॉ. शंभुनाथ सिंह ने गीतशिल्प की दिशा में भी विविध प्रयोग किए हैं। नई कविता के नए मुहावरे में रह कर भी उन्होंने गीत को काव्य की सर्वोत्तम विधा माना है। उनमें एक नैसर्गिक संगीतप्रियता है जिसके कारण वे अपने गीतों को इतने रूप देने में समर्थ हो जाते हैं कि निराला के पश्चात् आधुनिक कवियों में गीतों के विविध रूपों के प्रयोग करनेवालों में उनका स्थान विशिष्ट है। 'माध्यम मैं' के पूर्व 'दिवालोक' में ही वे गीतों के साथ सानेट (चतुर्दशपदी) गजल और मुक्त छन्द की शैली में तुकान्त और लय युक्त गीतों का सफल प्रयोग कर चुके थे। इस कारण 'दिवालोक' में शैलीगत एकरसता और सपाटता नहीं है।[29]

'दिवालोक' में आते आते उनके गीत पूरी तरह मँज गए हैं जिससे उनमें अद्भुत निखार और सौन्दर्य आ गया है। ये गीत एक और छायावादी गीतों के शिल्प और भाषा को पीछे छोड़ आए हैं और दूसरी ओर छायावादोत्तर गीतकारों के गीतों से भाव गाम्भीर्य, छन्द-वैचित्र्य, संगीतात्मकता और भाषा सौष्ठव के कारण बहुत ऊपर उठ गए हैं।[30]

डॉ. शंभुनाथ सिंह के गीत-शिल्प की दूसरी विशेषता उनकी स्वाभाविकता है। छन्द शास्त्र के ज्ञात ढाँचे में गीत को सजाने वाले कवि अपने शिल्प में उबाऊ हो जाते हैं। गीत का कथ्य और उसका शिल्प समर्थ कवि की गुनगुनाहट में स्वयं अपना आकार ग्रहण कर लेता है। यही कारण है कि शंभुनाथ सिंह, बच्चन और अंचल की तरह एकतान रीत्यानुकरण करते नहीं दिखाई पड़ते। उनके छन्द अनुभूतियों में पनपे और स्वयं कथ्य द्वारा अछूत लगते हैं। एक छन्द-प्रतान (पैटर्न)

पर दो तीन गीत बड़ी कठिनाई से उनमें ढूँढ़ने पर मिलते हैं। नए-नए छन्दों, लयों, टेंकों को उद्‌भासित करने में इनकी प्रतिभा बड़ी उर्वर है। प्राचीन छन्दों, लोक गीतों, गजलों, जनधुनों की गूँजों को अपनी संगीत-चेतना में घोलकर एक नया प्रारूप निकाल लेने की इनमें अद्‌भुत क्षमता दिखाई पड़ती है। इसीलिए उनको छन्दों की पुनः पुनः आवृत्ति के द्वारा जाना नहीं पड़ा है। हिन्दी के बहुत कम आधुनिक गीतकारों में इतना छन्द-वैविध्य मिलेगा।[31]

पहले ही कहा जा चुका है कि शंभुनाथ सिंह ने नई कविता के मुक्तवृत्त को भी लय और तुक के बंधन में बाँधकर गीतात्मकता का सृजन किया, उन्हें हम मुक्तवृत्त के गीत कहें तो कह सकते हैं। इस प्रकार गीत को प्रतान सम्बन्धी वैशिष्ट्य प्रदान करनेवाले शंभुनाथ सिंह ने नवगीत के नए शिल्प का धरातल प्रदान किया जिसमें आंचलिक गीतों की लोकधुन भी है और नई नई धुनों का संघटन भी है। इस प्रकार हम कह सकते हैं कि वे गीत को नया तेवर, अभिव्यंजना और भाषा के ही स्तर पर देकर नवगीत का धरातल नहीं बना रहे थे बल्कि उसके शिल्प को भी अपने सिद्धहस्त कवित्व से नया नया आयाम प्रदान करके बहुविध नवगीतों की भावी सर्जना का मार्ग प्रशस्त कर रहे थे। डॉ. आनन्द गौतम ने नवगीतों की छन्द सम्बन्धी विशेषता के सम्बन्ध में लिखा है कि नवगीतकार छन्द और लय के पुराने बन्धन स्वीकार नहीं करता, अपितु इस बन्धन को तोड़कर उसने अनेक प्रयोग किए हैं। मुक्त छन्द के लयात्मक वैशिष्ट्य और सहज प्रवाह का भी वह दायित्वपूर्ण संवहन करता है। छन्द मुक्तता का ही परिणाम है कि प्रत्येक नवगीतकार की छन्द-योजना एकदूसरे से भिन्न दिखाई देती है। यही नहीं अधिकांश नवगीतों काछन्द रूप भी एक-दूसरे से मेल नहीं खाता। नवगीतों का छन्द-शास्त्र गढ़ना मेढ़कों को तराजू में तोलने के समान है।[32] डॉ. ललित शुक्ल के अनुसार 'शिल्प की कारीगरी प्रयोगवादी गीतवादी गीतकारों से अधिक नवगीतकारों में है।[33] उपर्युक्त वक्तव्य स्थापित नवगीतों में छन्द-प्रयोग के सम्बन्ध में है। डॉ. सिंह ने पहले ही इन सारे प्रयोगों को आकार दिया था जिससे आगे के नवगीतकारों को शिल्प की बिविधता का स्वरूप सहज ही प्राप्त हो गया।

कथ्य की दृष्टि से जब हम डॉ. शंभुनाथ सिंह के गीतों का विचार करते हैं तो यह पाते हैं कि 'दिवालोक' के पहले उनके गीत व्यक्तिगत भावलोक के रंगीन सपनों और दर्द की टीस के मार्मिक गीत हैं। 'दिवालोक' से पूर्व 'उदयाचल' से ही उनमें विश्वास, उद्‌बोधन, संघर्ष और सामूहिक जीवन की स्फूर्ति की प्रेरणा वाले गीतों का प्रारम्भ हो जाता है जिनमें आगे चलकर जनचेतना और विद्रोह के गीत भी शामिल हो जाते हैं। इससे भी आगे वह वस्तुजगत की यथार्थ स्थितियों के आंकलन के साथ लोकचेतना के गीत का सृजन करता है। इसी लोकचेतना के साथ आगे चलकर 'माध्यम मैं' के गीतों की आंचलिकता आधुनिक सन्दर्भों के

साथ जुड़कर प्रकट होती है।

राजेन्द्र गौतम ने उनके 'माध्यम मैं' के गीतों के कथ्य के सम्बन्ध में लिखा है कि 'माध्यम मैं' के गीतों में जो प्रमुख विशेषताएँ उपलब्ध होती हैं, वे हैं इनकी लोकोन्मुखता, आंचलिकता ओर प्रकृतिपरकता। वस्तुतः ये तीनों विशेषताएँ नवगीत की एक ही भंगिमा में समाहित हैं। जातीय संस्कारों के अभिव्यक्ति की भंगिमा। अधिकांश गीतों का विषय यद्यपि ग्राम-सन्दर्भ से जुड़ा प्रेम है; परन्तु यह प्रीति-तत्व सामाजिक संस्कारों से अभिसिक्त है। ग्राम युवती की सहज आकांक्षाओं एवं लोकलाज का द्वन्द्व कुछ गीतों में बहुत सुन्दर अभिव्यक्ति पा गया है। आभूषण और अलंकरणों का लोक-संदर्भ इन गीतों को सांस्कृतिक चेतना से सम्पन्न करता है।"[34]

इस प्रकार हम देखते हैं कि स्वातन्त्र्योत्तर युगीन परिस्थितियों में यहाँ के व्यक्ति को, मानव को कवि अपने गीतों में उतारने के साथ लोकतंत्र की स्वाभाविक परिणति के रूप में लोक चेतना, ग्राम चेतना और आंचलिकता की ओर उन्मुख होता है। इसी के अनुरूप वह एक नवीन रचनात्मक सहज भाषा की भूमि पर पहुँचकर, नए-नए गीत-शिल्पों में अपने कथ्य को रूपायित करके नवगीत की एक सशक्त पीठिका का निर्माण करता है।

सन्दर्भ

1. प्रयोगवाद और नई कविता (शंभुनाथ सिंह) पृ. 65/2. वही, पृ. 66/3. प्रयोगवाद और नई कविता पृ. 220 से 225/4. डॉ. शंभुनाथ सिंह–व्यक्ति और स्रष्टा (मूल्यां.) पृ. 17/5. वही, पृ. 60/6. वही, पृ. 13/7. खंडित सेतु (शंभुनाथ सिंह)/8. धर्मयुग, 1967/9. खंडित सेतु–'हम सब आभारी हैं' कविता।/10. वही/11. खंडित सेतु : 'नागफनी के काँटे' से।/12. वही 'आभार' का अंश)/13. खंडित सेतु 'एक दिन' कविता से।/14. डॉ. शंभुनाथ सिंह : व्यक्ति और स्रष्टा (पुस्तक समीक्षा), पृ. 75/15. राजेन्द्र गौतम : हिन्दी नवगीत–उद्भव और विकास, पृ. 105-106/16. गीतायन (भूमिका), पृ. 10/17. राजेन्द्र गौतम : हिन्दी नवगीत–उद्भव और विकास, पृ. 19/18. वंशी और मादल (कहने की बात) पृ. 2/19. नवगीत–उद्भव और विकास, पृ. 19-20/20. समय की शिला स्मारिका, पृ. 43-44/21. शंभुनाथ सिंह : व्यक्ति और स्रष्टा (मूल्यांकन), पृ. 60/22. वही, पृ. 6/23. वंशी और मादल (पहला गीत)/24. धूल भरे पाँव (गुलाब सिंह) : समय और माटी के रंग, पृ. 3/25. हिन्दी नवगीत : उद्भव औरविकास, पृ. 220/26. नवगीत दशक-2, पृ. 15/27. हिन्दी नवगीत सन्दर्भ और सार्थकता, पृ. 87/28. धूल भरे पाँव (गुलाब सिंह) समय और माटी के रंग, पृ. 3/29. डॉ. शंभुनाथ सिंह : व्यक्ति और स्रष्टा (पुस्तक समीक्षा), पृ. 40/30. वही, पृ. 41/31. वही, मूल्यांकन, पृ. 62/32. नवगीत संदर्भ और सार्थकता, पृ. 92-93/33. वही, पृ. 93/34. हिन्दी नवगीत–उद्भव और विकास, पृ. 217

4

संघर्षकालीन नवगीत

संघर्षकालीन नवगीत–वैचारिक धरातल

1957 ई0 में तीसरे सप्तक का प्रकाशन हुआ। डॉ. शंभुनाथ सिंह को उम्मीद रही होगी कि शायद उन्हें सप्तको में स्थान मिले। पर ऐसा नहीं हुआ। निश्चित डॉ. सिंह जैसे भावुक व्यक्ति में इसकी प्रतिक्रिया हुई होगी। डॉ. उमाशंकर तिवारी ने इस सम्बन्ध में जो कुछ लिखा है, उससे शंभुनाथ सिंह की मनःस्थिति का कुछ अनुमान किया जा सकता है। डॉ. तिवारी लिखते हैं–"यद्यपि अज्ञेय ने उन्हें सप्तकों में स्थान न देकर 'पुष्करणी' में स्थान दिया (जिसमें श्रीधर पाठक से लेकर हंसकुमार तिवारी और शिवमंगल सिंह सुमन तक संकलित किए गए हैं) और इस तरह यह सिद्ध करना चाहा कि शंभुनाथ सिंह परम्परागत छायावादी धारा के कवि हैं किन्तु उनके इस प्रयत्न के बावजूद डॉ. शंभुनाथ सिंह नई कविता के एक महत्वपूर्ण कवि के रूप में मान्य हुए।"[1] मान्य को मान्यता न मिलना खलता ही है। प्रतीत होता है कि इस प्रतिक्रिया में वे नई कविता से विरक्त होने लगे और नई कविता के सम्बन्ध में उन्होंने आक्रामक मुद्रा ग्रहण कर ली। कहने का तात्पर्य यह नहीं है कि नई कविता से उनका विरोध या अलगाव प्रतिक्रियात्मक ही था, उनमें तात्विक कारण नहीं थे। तात्विक कारणों की धार को तेज करने में उक्त तात्कालिक कारण की भी भूमिका माननी ही पड़ेगी। इस दृष्टि से नई कविता पर नवगीतकारों, विशेषतः शंभुनाथ सिंह की दृष्टि का विचार करना प्रासंगिक होगा।

1966 ई. में 'खंडित सेतु' के पश्चात् 1977 में उनका 'जहाँ दर्द नीला है' प्रकाश में आया। गरज यह कि नई कविता से नवगीत में पूर्ण निष्ठा और जोश-खरोश से आने में उन्हें लगभग दस वर्ष का समय लगा। इस बीच कभी-कभी उनके नवगीत पत्र-पत्रिकाओं में आते रहे। 70 के दशक के उत्तर चरण में वे नवगीत को समकालीन कविता की मुख्यधारा प्रतिष्ठित करने में लग जाते हैं और अपने

नवगीत दशक की योजना को भी कार्य रूप देना प्रारम्भ कर देते हैं। यह दस वर्ष का काल ठहराव का काल नहीं अपितु विचार-मन्थन का काल था। सप्तकों में स्थान न मिलने से उपेक्षा के अहसास के साथ यह भी विचार स्वाभाविक है कि जो मुख्य प्रतिभा और क्षमता है, उसे छोड़कर हर नए आन्दोलन में भागीदारी से रचनात्मक निखार नहीं आता है। बहुत कुछ लिखकर व्याप बढ़ने से अपने प्रकृत क्षेत्र में केन्द्रीभूत हो, गहराई में उतरना रचना धर्म का प्रतिष्ठा का कारण बनता है। ऐसी मनःस्थिति विचार-मंथन की स्वाभाविक प्रेरणा देती है।

नई कविता से मोहभंग होने पर जो विचार शंभुनाथ जी के बनते गए, उन्होंने एक विचारधारा का रूप ग्रहण किया। यह ध्यान रखना आवश्यक है कि 1966 में नई कविता का उनका विशिष्ट संग्रह 'खंडित सेतु' निकलता है और इसी वर्ष 'प्रयोगवाद और नई कविता' नामक आलोचना ग्रन्थ भी प्रकाशित होता है। इस समीक्षा में कवि प्रयोगवाद की विशेषताओं की मीमांसा करते हुए उसकी सीमाओं को स्पष्ट करता है। साथ ही नई कविता को उसका स्वाभाविक विकास निरूपित करता है। पिछले अध्याय में दिखाया जा चुका है कि वे नई कविता को संस्थिति (सिनथीसिस) मानते हैं। उसकी चार प्रमुख विशेषताएँ आधुनिकता बोध, वैयक्तिक तथा सामाजिक सामंजस्य, अनुभूतियों का विशिष्ट स्वरूप तथा प्रतीकात्मक और खंडित बिम्ब-योजना, इसमें विवेचित हुई हैं।

इस काल में शंभुनाथ सिंह नई कविता के अन्ध समर्थक हैं। वे नई कविता को अपनी समीक्षा द्वारा प्रतिष्ठित करने के लिए कुछ विचित्र तर्कपद्धति अपनाते हैं। उनके अनुसार 'काव्य में संश्लिष्ट बिम्ब-योजना अनिवार्य है क्योंकि काव्य चेतन मन का व्यापार है ज़ो शब्दार्थ प्रधान होता है किन्तु नई कविता में उपचेतन प्रधान होने से स्वभावतः खंडित या असम्बद्ध बिम्ब प्रधान है।' प्रश्न होता है कि बुद्धि की प्रधानता माननेवाले नई कविता के आचार्य उसे चेतन मन का व्यापार नहीं मानकर उपचेतन मन का व्यापार कैसे मानते हैं ? मनोविश्लेषण शास्त्र की उन मान्यताओं का इस तर्क पद्धति पर प्रभाव है जिन्हें मनोविश्लेषणवादियों ने ही अब कालबाह्य घोषित कर दिया है। इसी प्रकार वे एक दूसरा तर्कभास प्रस्तुत करते हैं कि 'पुरानी कविता में अर्थबोध के उपरान्त काव्यानन्द प्राप्त होता है, जबकि नई कविता में रागबोध के माध्यम से काव्यानन्द ही पहले होता है, अर्थबोध बाद में। नई कविता की दुरूहता स्पष्टतः इस रहस्य के अनावृत्त न होने के कारण है।'[2] यह कथन भी एक पहेली जैसा था जो केवल ऐसे व्याख्याकारों की ही समझ में आ सकता था।

नई कविता के निस्तेज होने के कुछ कारणों का विचार भी इस समीक्षा में किया गया है, पर समग्र रूप से नई कविता में सप्त विकसित होनेवाली आधुनिक प्रवृत्तियाँ उसके आकर्षण को बरकरार रखते हैं और यहाँ वह नई कविता के भविष्य

के प्रति आश्वस्त है–'नवीन जीवनबोध, कथ्य की विशिष्टता, अनुभूति की गहनता और अभिवयंजना प्रणाली की दृष्टि से 'नई कविता' अन्यतम है।' इन उपलब्धियों के कारण उनका विचार है कि इसका भविष्य सुरक्षित है तथा उसमें निरन्तर गम्भीरता, ऊँचाई और व्यापकता आएगी।

इस समीक्षा-ग्रन्थ में एक अध्याय 'नई कविता' और 'नवगीत' भी है। 'नवगीत' अब तक एक विधा के रूप में चर्चित हो चुका था। स्वयं शंभुनाथ उसके समीक्षा पक्ष के साथ जुड़ गए थे। अतः प्रासंगिक ही था कि नवगीत का भी कुछ विचार इस ग्रन्थ में हो। इस ग्रन्थ में 'नवगीत' और 'नई कविता' की समान उद्भव स्थितियाँ स्वीकार की गई हैं। उनके अनुसार नवगीत में भी नई कविता की सारी विशेषताएँ देखी जा सकती हैं। इस प्रकार नवगीत हिन्दी काव्य की एकदम नई विधा नहीं प्रत्युत नई कविता की ही एक विधा है। इसी बात को सप्तकीय कवि और स्वयं अज्ञेय भी मानते हैं। यहाँ भी प्रश्न यह है कि नवगीत जब नई कविता की ही एक विधा है तो उसके लिए नए काव्यान्दोलन की क्या आवश्यकता पड़ी ? आगे चलकर स्वयं शंभुनाथ जी नई कविता और नवगीत को अलग-अलग मानकर विचार करते हैं। जिस नई कविता को 'अन्यतम' मानते थे और जिसके भविष्य के प्रति वे आश्वस्त थे, उसके सम्बन्ध में आगे चलकर वे लिखते हैं –

'समकालीन हिन्दी कविता का एक अंग, जिसे नई कविता कहा जाता है, भारत की सांस्कृतिक परम्परा और आम भारतीय जीवन से पूर्णतया कटा हुआ तथा पाश्चात्य आधुनिकतावादी साहित्य का कहीं प्रत्यक्ष और कहीं छद्म अनुकरण मात्र हैं। उसमें भारत की जातीय अस्मिता और भारतीय जन-जीवन से सम्पृक्ति का नितान्त अभाव है। नई कविता पाश्चात्य काव्य में प्रचलित अस्तित्ववाद, मनोविश्लेषणवादी, प्रकृतिवादी मान्यताओं का भोंड़ा और सीधा अनुकरण नहीं तो क्या है ?'[3]

नई कविता के प्रति उनके इस दृष्टिकोण के अन्तर का कारण नई कविता में नहीं है। उसमें उत्तरोत्तर विकास ही हुआ, खामियाँ दूर हुई पर शंभुनाथ सिंह का मन ही उससे टूट गया था। भावुक कवि का मन जब टूटता है तो वह अपने पूर्व कथनों से हो रहे विरोधाभारा को भी भूल जाता है।

नई कविता और नवगीत का अलगाव–

नवगीत उसी प्रकार एक स्वतन्त्र विधा है जैसे परम्परित या पुराना गीत स्वतन्त्र विधा था। शुरू में नवगीत को स्वयं नए गीतकारों ने नई कविता के साथ जोड़कर उसका एक अंग प्रतिपादित किया। स्वयं डॉ. शंभुनाथ सिंह ने भी ऐसा किया। वस्तुतः कोई भी प्रवृत्ति काव्य की किसी भी विधा में अभिव्यक्त हो सकती है। नवगीत के साथ ही यह बात है। आधुनिकता आदि प्रवृत्तियाँ नई कविता के साथ

नए ढंग के गीतों में भी साथ-साथ प्रकट हुई। सप्तकों के गीत इसके प्रमाण हैं। पर कालान्तर में नवगीत के पक्षधर यह प्रतिपादित करने लगे कि नवगीत नई कविता का विरोधी है। डॉ. शिवप्रसाद सिंह ने इस सम्बन्ध में लिखा है–

'नवगीत की प्रवृत्ति को नई कविता का विरोधी बताना पूर्णतया गलत है। यह सही है कि यह नई कविता की मुख्य प्रवृत्ति नहीं है। गीत एक खास प्रकार की मनःस्थिति की देन होते हैं, जिनमें भावुकता की प्रधानता होती है। सही है कि कभी-कभी बौद्धिक व्यायाम के बावजूद आज के जीवन के उलझे हुए सूत्र पकड़ में नहीं आते और वे कभी-कभी भावानुकूल क्षणों में अचानक हाथ लग जाते हैं। किन्तु साथ ही साथ यह भी सही है कि भाव या राग का पिच्छल पथ आधुनिक भावबोध के परिवहन यन्त्र को सम्भालने में पूर्णतः अक्षम है।'[4] शंभुनाथ भी नवगीत के खेमें में पूर्णतः आ जाने के बाद और नई कविता की समाप्ति की घोषणा के बावजूद भी इस ऐतिहासिक तथ्य को स्वीकार करते हैं।

नव गीतकारों की नई कविता से प्रवृत्ति ग्रहण करने की बात को शिव प्रसाद सिंह कुछ व्यंग्य की भाषा में कहते हैं–"हिन्दी के नवगीतकार से अधिक कुग्राहिता शायद ही किसी विधाकार में दिखाई पड़े।...नई कविता का बाजार गर्म हुआ तो नवगीतकार नई कविता के चन्द प्रचलित लटकों को गीतों में जड़ने लगा। उसके लिए उछलती केतली, चाय का धुआँ, पथराई दूरियाँ, सलीब, बिजली, स्टोव, रोशनी की परछाइयाँ, दीवालों की बाँहे, दरवाजों की दस्तकें, अजनबी, कोई तीसरा मैं, अन्तराल की टपकनें, घायल आस्थाएँ, पैरों के जलूस, कैक्टस, अन्तहीन यात्राएँ, अँधेरी चाँदनी, काली धूप, उजलीछाँह, नीलगगन के अश्वस्थ, खोए हुए शब्दों की दस्तकें आदि प्रयोग सिले सिलाए पोशाक की तरह मिल गए और उसने बड़ी खुशी-खुशी अपनी लयात्मक गीत बालिका को उसमें लपेट लिया।"[5]

यह अतिवाद के दो छोर हैं। नवगीतकार का अपने को पूर्णतः नया प्रमाणित करना नई कविता से कोई नाता न जोड़ना और अपने को ही एक मात्र आज की विधावाला मानना एक छोर है और शिवप्रसाद जी जैसे आलोचकों का उनको पूरा-पूरा नकलची मान लेना दूसरा छोर है। सौभाग्य से शंभुनाथ सिंह इस सम्बन्ध में एक सन्तुलित दृष्टिकोण रखते हैं। वे नवगीत का विकास निराला, माखनलाल की परम्परा से क्रमागत मानते हैं और नई कविता के साथ-साथ उसी की छन्दहीन कविता के समानान्तर चलनेवाली आधुनिकतावाली छान्दसिक स्वतन्त्र विधा के रूप में नवगीत की स्थिति मानते हैं।

शंभुनाथ जी नई कविता को गद्य कविता कहकर नवगीत से उसे अलग करते हैं और उसके संगठित विरोध का आह्वान भी करते हैं। अपने एक निबन्ध 'समकालीन हिन्दी कविता का परिप्रेक्ष्य और हिन्दी नवगीत' में वे समकालीन गद्य कविता के विविध रूपों का विस्तृत विश्लेषण करके निम्नांकित निष्कर्ष प्रस्तुत करते हैं–

1. समकालीन गद्य कविता के कवि भारतीय संस्कृति की परम्पराओं और मूल्यों के अभिज्ञान और संस्कार से पूरी तरह कटे हुए हैं। अतः विश्वसाहित्य में भारतीय साहित्य की अस्मिता और पहचान को उजागर करने की उनको चिन्ता नहीं है।

2. ये कवि अपने पूर्वज और अग्रज कवियों को अशिष्टतापूर्वक अस्वीकृत और अपमानित करके अपने को स्थापित करते और गुट बनाकर साहित्य के क्षितिज पर चतुर्दिक छा जाने का प्रयास करते हैं। ये लोग उसी सम-सामयिक युवा वर्ग के प्रतिनिधि हैं जो पीढ़ियों के अन्तराल (जेनरेशन गैप) का तर्क देकर अपनी पूर्ववर्ती पीढ़ी को अपमानित करते हैं, जो समस्त परम्परागत मूल्यों और संस्कारों को धूल में मिला चुके हैं।

3. ये कवि भारत के आम आदमी यानि विशाल बहुजन समाज से पूर्णतः कटे हुए हैं। काव्य के स्तर पर कुछ कवि यदि आम आदमी से जुड़े भी हों तो सम्प्रेषण के स्तर पर उनकी जनता से ध्रुवान्तों जैसी दूरी है।

4. ये कवि अपने सम्बोधित समाज से संवाद नहीं स्थापित करना चाहते। इसी कारण इनकी अभिव्यंजना प्रणाली दुरूह और रहस्यमय है क्योंकि इन्हें इस बात की चिन्ता नहीं है कि इनकी रचनाओं को कोई समझेगा और सराहेगा या नहीं।

5. ये कवि भारत की भूमि, भौगोलिक परिवेश, पुरातत्व, इतिहास और उसके पाँच हजार वर्षो की सांस्कृतिक परम्परा से बिल्कुल परिचित नहीं हैं। वे शरीर से तो भारत में रहते हैं पर मन और बुद्धि से वे विदेशी हैं। उनका रचना-संसार अभारतीय है, काव्य-शिल्प अभारतीय है, चिन्तनधारा अभारतीय है, केवल उनकी भाषा हिन्दी यानि भारतीय है, पर उसका रूप विन्यास और वाक्यगठन भी उन्होंने विदेशी बना दिया है।

6. ये कवि इस सीमा तक व्यक्तिवादी हैं कि सामाजिक मर्यादाओं और मान्यताओं की इन्हें कोई चिन्ता नहीं है। इस कारण ये मूल्यहीनता और असमाजिक अवधारणाओं का खुलकर प्रचार करते हैं। भारत जैसे पूंजीवादी लोकतन्त्र में ही वह सब कुछ बिना रोक-टोक चल सकता है।

7. ये कवि दोमुँहे हैं, इनका चरित्र दोहरा है। ये लेखन में तो शोषित-पीड़ित जनता और विपक्ष की बात करते हैं और अपनी पुस्तकों के प्रकाशन के लिए बड़े पूंजीपति प्रकाशकों और विक्रय तथा पुरस्कार के लिए सत्ता द्वारा पोषित मन्त्रियों एवं नौकरशाहों की दिलजोई करते हैं।

अतः यदि इस प्रकार की गद्य कविता को बेरोकटोक फलने-फूलने दिया गया, उसके विरुद्ध जनमत न तैयार किया गया और उसकी तुलना में भारतीय ढंग की आधुनिकता से युक्त छान्दसिक कविता की वेगवती धारा न प्रवाहित की गई तो

50 वर्षों के बाद की हमारी पीढ़ियाँ भारतीय संस्कृति से ओतप्रोत भारतीय कविता की छान्दसिक कृतियों को समझ भी नहीं सकेंगी।[6]

उपर्युक्त निष्कर्ष में बहुत से आक्षेप व्यक्तिगत हैं। वस्तुतः साहित्य की मीमांसा तथ्यगत और मूल्यगत होनी चाहिए, उसमें व्यक्तिगत पसन्द-नापसन्द नहीं आनी चाहिए। दूसरी बात यह भी है यदि समकालीन कविता जो नई कविता का नया व्यापक नाम है, इन आरोपों को दूर कर ले तो क्या नवगीतकारों के लिए वह ग्राह्य हो जाएगी। बहरहाल ये गूढ़ प्रश्न हैं और इस बात को इस कोण से विचार करने की आवश्यकता है कि कविता की पहली शर्त कविता होना है। कविता क्या है, इस पर पुरानों और नयों ने बहुत विचार किया है। अगर कोई रचना कविता है तो यह गीत भी हो सकती है, प्रबन्ध भी हो सकती है, छान्दसिक भी हो सकती है, गैरछान्दसिक भी हो सकती है। भारतीयता, जातीयबोध, अस्मिता आदि के प्रश्न तो कविता के ही नहीं हैं, सभी साहित्य-विधाओं से जुड़े प्रश्न हैं।

नवगीत और आधुनिक बोध

आधुनिकता या आधुनिक बोध साहित्य का एक वैश्विक सन्दर्भ का शब्द है। इसकी ठीक अवधारणा के लिए इसकी परिभाषाओं का विचार आवश्यक है।

पश्चिमी विचारकों की दृष्टि

आधुनिकता के सन्दर्भ में पाश्चात्य विचारकों का चिन्तन बहुदिशागामी है। आधुनिक युग की नवीन परिस्थितियों में विज्ञान, यन्त्र, महानगरीय जीवन के विविध आयामों के प्रभाव से मानव-मन में एक नवीन भावबोध का अभ्युदय हुआ। नए भावबोध ने पुरानी परम्पराओं और मान्यताओं को नकारकर नए विचारों को जन्म दिया। जिसमें धर्म और ईश्वर की सत्ता को त्यागकर प्रत्यक्ष को सत्य मानने की भावना बलवती हुई। क्षेत्रीय 'अहं' टूटकर एक मानवीय धरातल का निर्माण करने लगा और राष्ट्रीयता ने अन्तर्राष्ट्रीयता का स्थान ग्रहण किया और विश्व मानववाद की भूमिका का निर्माण हुआ। इन परिस्थितियों का चिन्तन करते हुए पश्चिम के विचारकों ने 'आधुनिकता' को परिभाषित और रेखांकित करने का प्रयास किया है।

इस सम्बन्ध में प्राचीन मूल्यों के स्थान पर नवीन मूल्यों की स्थापना को आधुनिकता बताते हुए हॉरेस एस. केलेन ने विचार व्यक्त किया है–'आधुनिकता वह मनोवृत्ति है जो परम्परागत मूल्यों को नूतन की तुलना में गौण सिद्ध करती है। यह प्रचलित मान्यताओं और नवीन मान्यताओं में एक तर्कपूर्ण सम्बन्ध भी स्थापित करती है। इसके दो व्यावहारिक रूप प्रकट होते हैं–एक रूढ़िवादी और दूसरा क्रान्तिकारी। रूढ़िवादी रूप में नवीनता प्रचलित परम्पराओं को नवीन परिवेश

में समेटकर नष्ट होने से बचाती है और क्रान्तिकारी रूप में आधुनिकता परम्परागत मूल्यों को अनुपयोगी मानकर नकार देती है।[7]

वेबेस्टर ने अपने शब्दकोश में आधुनिकता को निम्नलिखित ढंग से परिभाषित किया है :

"कला के क्षेत्र में एक आन्दोलन या शैली विशेष, जिसका लक्षण है परम्परागत शास्त्रीय रूपों अथवा अभिव्यक्ति प्रणाली से विच्छेद, अथवा प्रयोग, निर्भीकता और सर्जनात्मक मौलिकता पर बल और आधुनिक विषयों पर विचार करने का प्रयास।"[8] जी.एस. फ्रेजर ने ऐतिहासिक सन्दर्भ में आधुनिकता की व्याख्या की है। उनके अनुसार आधुनिकता कोई कालबोधक संज्ञा नहीं है। किसी रचना के दस-पाँच वर्ष आगे-आगे प्रकाशन से आधुनिकता का सम्बन्ध नहीं है। आधुनिकता किसी रचना की मूलभूत आन्तरिक विशेषता में अन्तर्निहित होती है। उनके अनुसार अतीत के सम्बन्ध और अतीत के प्रति श्रद्धाभाव आधुनिकता का विरोधी नहीं है। अंग्रेजी रोमैण्टिक आन्दोलन आधुनिकता का श्रीगणेश था जिसमें अतीत के प्रति श्रद्धाभाव तथा नई सोच दोनों का योग था। भूत का सही दिशा में किया गया अध्ययन मानव-मस्तिष्क को एक सही दिशा प्रदान कर सकता है। फ्रांस की क्रान्ति ने यह सिद्ध कर दिया है कि मनुष्य इतिहास की शक्तियों से नियन्त्रित होता है, न कि वह इन शक्तियों को नियन्त्रित कर पाता है। ऐतिहासिक परिप्रेक्ष्य से अपने को जोड़कर, मनुष्य अपने व्यक्तित्व का विकास और विस्तार कर सकता है।[9] इस प्रकार फ्रेजर ने आधुनिकता को अतीत और इतिहास का नूतन विकास माना है।

इतिहास और संस्कृति के विषय में आधुनिक लेखकों में टी.एस. इलिएट ने सर्वाधिक विचार किया है। उनके अनुसार परिवर्तनशील संसार में परम्परा से हमें कुछ ऐसा प्राप्त होता है जो कभी परिवर्तित नहीं होता है। अतीत की कला विषयक और वैचारिक उपलब्धियाँ एक विस्तृत मानचित्र की तरह हमारे सामने फैली हैं। वे स्वयं में परिवर्तित नहीं हो सकती। हमारे समय की कलाकृतियाँ और हमारे विचार अतीत विषयक हमारी धारणा और अतीत एवं वर्तमान के सम्बन्धों व अतीत के विभिन्न कालखण्डों के पारस्परिक सम्बन्धों को परिवर्तित करते हैं। अतीत नहीं बदलता। अतीत के प्रति हमारा दृष्टिकोण और हमारे सोचने का तरीका बदलता है।[10]

इस प्रकार हम देखते हैं कि आधुनिकता के सम्बन्ध में पश्चिम में दो दृष्टियाँ रही हैं। एक के अनुसार परम्परागत और प्राचीन मूल्यों और कलादृष्टि का आमूल परित्याग तथा उसमें युगीन बौद्धिकता, तर्कवाद, वैज्ञानिक, दृष्टि का समावेश आधुनिकता है। इसी धरातल कीं जटिल भाषा और तर्क के बोझ को ढो सकनेवाली कला आधुनिकता है। दूसरी दृष्टि कला और साहित्य को परम्परा, इतिहास और

संस्कृति के विकसित और परिमार्जित रूप में देखती है।

भारतीय विचारकों की दृष्टि–

पश्चिम में आधुनिकता के वातावरण और विचार ने एशिया और खासतौर से भारत को प्रभावित कर दिया। भारत, योरप और अमेरिका से दो स्थितियों में भिन्न रहा–पहली स्थिति यह है कि भारत गत दो महायुद्धों को प्रत्यक्ष झेलनेवाले देशों में नहीं था और न ही यान्त्रिकता और औद्योगिक क्रान्ति उस स्तर पर भारत में असर कर सकी जिस स्तर पर उसने पश्चिम में किया। दूसरी स्थिति यह कि भारत धर्म और अपनी परम्परागत संस्कृति से पश्चिम से कहीं अधिक गहरे जुड़ा हुआ था। अतः भारत में आधुनिकता के प्रवाह में अरविन्द और गांधी जैसे सांस्कृतिक दृष्टि के महापुरुषों का प्रभाव पश्चिम के भौतिकवादी चिन्तकों से कहीं अधिक पड़ा। परिणाम यह हुआ कि साहित्य में भी आधुनिकता का प्रवेश छिन्नमूल वर्तमान के रूप में नहीं आया, अपितु यहाँ आधुनिकता भी अपने प्राचीन सांस्कृतिक सत्यों को समेटते हुए एक नए संस्कृतिबोध के साथ आई।

विपिन कुमार अग्रवाल आधुनिकता पर विचार करते हुए कहते हैं–''कोई चीज बिल्कुल नई नहीं होती, क्योंकि उसका निर्माण हम पूर्व परिचित के आधार पर ही करते हैं। पर, क्योंकि वह नया निर्माण है–उसका एक पक्ष पहली बार बना है और वही उसका असली गुण है। शेष वह पूर्व निर्माणों से शेयर करता है। यदि कोई अध्ययन-प्रणाली उसके असली और विशिष्ट गुण की ओर आँखें मूँदकर उन्हीं गुणों की ओर इशारा कर पाती है जो वह पुरानी परिपाटियों से शेयर करता है, तो वह आधुनिकता के बारे में कुछ नहीं बताती या बहुत कम बताती है। और यदि इसी को सब कुछ बताने के बराबर कह देती है तो हमें गुमराह भी करती है।''[11]

श्री अग्रवाल अपनी बात को स्पष्ट करते हुए परम्परागत या सांस्कृतिक अवशेष को नएपन से जोड़ते हुए कहते हैं–''आधुनिकता का एक पहलू वह है जो वह बीते हुए से शेयर करता है और दूसरा वह जो उसकी अपनी देन है, उसका अपना विशेष गुण है।''[12]

नई कविता पर पहली स्वतन्त्र आलोचना की पुस्तक लिखनेवाले लक्ष्मीकान्त वर्मा आधुनिकता को ऐतिहासिक परिप्रेक्ष्य में देखते हैं। वे संस्कृति की कोख से आधुनिकता का जन्म मानते हैं। उनके अनुसार 'आधुनिक होने का अर्थ ही है कि हम समूचे इतिहास की उपलब्धियों को, उसके अच्छे बुरे तत्वों को मानव-विकास-शृंखला और उसके अनुभूति-व्यवधान का जीवन्त अंश मानते हैं। ऐतिहासिक दायित्व के प्रति जागरूकता आधुनिकता द्वारा ही सम्भव है। मानव चेतना अतीत की विशाल सांस्कृतिक धरोहर की ऋणी होती है। इसीलिए ऐतिहासिक

चेतना के अभाव में मनुष्य न तो अपनी उपलब्धियों और सीमाओं को आँक सकता है और न तो अपने व्यक्तित्व को नए आयाम ही दे सकता है। आधुनिक जीवन दृष्टि मनुष्य को अतीत और वर्तमान के केन्द्र में स्थापित करती है।''[13]

नई कविता के एक प्रमुख हस्ताक्षर गिरिजा कुमार माथुर ने आधुनिकता को समसामयिकता या नव्यता से अलग माना है। वह एक प्रक्रिया है जो दीर्घकालीन सांस्कृतिक विकास से जुड़ी हुई है। आधुनिकता परिवर्तित भावबोध की वह स्थिति है जिसका प्रादुर्भाव यान्त्रिक तथा वैज्ञानिक विकास-क्रम के वर्तमान बिन्दु पर आकर हुआ है।[14] डॉ. देवराज ने लिखा है कि आधुनिक होने का अर्थ है अपने समय का साथ देनेवाला, सामयिक रूचिवाला होना। आधुनिक होने के लिए अतीत को अस्वीकार करने की आवश्यकता नहीं है।[15]

इस प्रकार हम देखते हैं कि आधुनिकता भारतीय सन्दर्भ में अपनी संस्कृति के श्रेष्ठ और उज्ज्वल पक्षों की आधुनिक सन्दर्भ और नई भंगिमा में अग्रसर करने की पक्षधर है। इस सम्बन्ध में पश्चिम में भी विचारकों ने संस्कृति और परम्परा को एकदम नकारने की बात को स्वीकार नहीं किया है। पर हमारे देश के विचारकों ने उसे आधुनिक सन्दर्भ में स्वीकारने की बात बड़े ही विश्वास के साथ कही है। आधुनिक कही जानेवाली रचनाओं में एक बड़ा अंश वह है जो पुराणों और महाकाव्यों के सन्दर्भो के प्रतीकार्य को लेकर लिखा गया है। धर्मवीर भारती का 'अन्धा युग' हो, या परेश मेहता का 'महाप्रस्थान' और इसी परम्परा की अन्य कृतियाँ भी हैं जो केवल आधुनिक कही जानेवाली रचनाओं से कहीं अधिक प्रभावशाली और लोकप्रिय हुई हैं। यह एक ऐसा बिन्दु है जो भारत के विशेष वातावरण और सांस्कृतिक धरातल के कारण ही उभरा है। प्रारम्भ में आधुनिकता का श्रीगणेश तो शिल्प और भाषा के धरातल पर ही नहीं अपितु वस्तु के धरातल पर भी पुराने को त्यागने और अस्वीकारने से प्रारम्भ हुआ था, पर आगे चलकर पुरानी थाती को नए निर्माण की ओर मोड़ने की प्रक्रिया तेज होती हुई दिखाई पड़ने लगी। डॉ. परमानन्द श्रीवास्तव लिखते हैं कि आधुनिकता एक कालबद्ध चेतना न होकर विशेष नई परिस्थितियों की उपज है। आधुनिक दृष्टि रचनाकार की आत्मसजगता की परिचायक है तथा उसे वर्तमान सन्दर्भो से जोड़ती है। अपनी परिस्थिति और परिवेश से सम्पृक्ति का भाव ही रचनाकार की अनुभूति को प्रामाणिक बनाने में सक्षम है। आधुनिकता में परम्परा और ऐतिहासिक चेतना का निषेध नहीं है।[16]

तरह-तरह से ये बातें हिन्दी आलोचना के आधुनिक दिग्गजों ने कही हैं। डॉ. शिव प्रसाद सिंह ने इस प्रसंग में अपनी बात अपने ढंग से कही है। उनके अनुसार भी ''समसामयिकता और आधुनिकता अलग-अलग चीजें हैं। समसामयिकता कलेवर की चीज होती है। आधुनिकता समसामयिक बिखराव और कलेवरगत

उथल-पुथल के भीतर निरन्तर प्रवाहित गतिशील चेतना को समझने का दृष्टिकोण है।...इसीलिए आधुनिक दृष्टिकोण से लिखे हुए उस साहित्य को नवलेखन कहना ठीक होगा जो आज भी उलझी हुई जिन्दगी के यथार्थ को समझते हुए मानव-चेतना के ऐतिहासिक विकास के परिप्रेक्ष्य में आज के मनुष्य की नियति को सही ढंग से प्रस्तुत करता है।...सन् 50 के बाद के साहित्य को देखने से स्पष्ट हो जाएगा कि यह साहित्य वैयक्तिक आत्म-परीक्षण की भावना से ओत-प्रोत था। आत्म परीक्षा का भाव मोहभंग का सूचक होता है। आत्म परीक्षण की प्रक्रिया सच्चे अर्थो में तभी शुरू होती है जब व्यक्ति का अपने से भिन्न, किसी महत् तत्व, मूल्य या धारण से विश्वास खत्म हो जाता है।...स्वतन्त्रता के ठीक बाद भारतीय बौद्धिक चित्त में एक नए विश्वास का उदय अनिवार्य था।...भारतीय बौद्धिक को यह समझते देर नहीं लगी कि परम्परा रूढ़ियों का पुंज मात्र रह गई है। परम्परा के जीवन्त गतिशील तत्व या तो समाप्त हो चुके हैं या रूढ़ियों के अम्बार में ढँककर अनुपलभ्य हो गए हैं। इसी कारण आत्म परीक्षण का यह भाव लेखकों को उन अछूते अंचलों की ओर खींच ले गया, जहाँ कृत्रिमता और बाह्य जकड़बन्दी के भीतर सहज जीवन का, बहुत क्षीण ही सही, रूप अब भी देखा जा सकता था।''[17]

डॉ. शिवप्रसाद सिंह नवलेखन या आधुनिकता में 'मैं' के परीक्षण, अन्वेषण और प्रकाशन पर विशेष बल देते हैं। 'नवलेखन' ने इस 'मैं' को केवल 'मैं' रहने दिया।...यह 'मैं' न महत् बना न लघु। यह एक जागरूक, आत्म-विश्लेषणपरक, अपनी भोगी हुई अनुभूतियों के प्रति ईमानदार और अपने कमाए हुए सत्य के प्रति आस्थावान तथा अपनी असफलताओं, निरर्थकताओं और क्षुद्रताओं के प्रति प्रामाणिक 'मैं' ही रहा। इसे स्वीकार करना पड़ेगा कि नवलेखन अपने चहुँओर के यथार्थ के प्रति जागरूक रहा।''[18]

डॉ. शिवप्रसाद सिंह ने मानव व्यक्तित्व और उसकी आधुनिक सन्दर्भ की निज की अनुभूतियों और आत्म परीक्षण-विश्लेषण को अधिक महत्व दिया है। यहाँ यह एक विचारणीय बिन्दु अवश्य है कि किसी भी रचनाकार का 'मैं' उसकी परम्परा और संस्कृति-संस्कारों से बीच ग्रहण करता है या नहीं ? इसी प्रश्न का उत्तर भारत के नवोत्थान के काल में आजादी की लड़ाई के बीच भी दिखाई पड़ता है जिसमें जवाहरलाल जैसे चरम आधुनिक और पश्चिमी संस्कृति में रचे बसे नेता को लंगोटीधारी गाँधी के चरणों में बैठना होता है। गाँधी के हाथों में भी हमारी ग्राम्य संस्कृति का प्रतीक चरखा होता है और वाणी में हमारे चिन्तन परम्पराओं का प्रतीक 'राम' होता है। यह 'राम' परम्परा की रूढ़ियों के अन्तर में से मथकर निकाला हुआ वह नवगीत था जो हमारे लिए प्रकाश बन सकता था और बना भी।

मनुष्य की तात्कालिक जिन्दगी के सरोकारों से आधुनिकता को जोड़कर देखनेवालों के लिए अशोक बाजपेयी की चेतावनी भी ध्यान देने योग्य है...''इससे

जुड़ा सवाल समकालीनता और आधुनिकता का भी है। मनुष्य की जिन्दगी का एक तात्कालिक सन्दर्भ है जिसमें उसके तात्कालिक प्रश्न और समस्याएँ हैं, उसके नितान्त आज के सरोकार, तनाव और अन्तर्विरोध हैं। इनसे अलग, किन्तु जुड़ा हुआ मनुष्य का एक व्यापक सन्दर्भ है जिसमें उसके चिरन्तन या चरम प्रश्न या समस्याएँ हैं, जिनके रहते मनुष्य संसार में अपने होने, अपनी हालात, अपनी नियति और भविष्य के बारे में चिन्तित होता है, हल खोजता है। जो कवि मनुष्य के तात्कालिक सन्दर्भ तक सीमित हो जाते हैं, वे समकालीन तो होते हैं पर आधुनिक नहीं। लेकिन ऐसे कवि जो तात्कालिक सन्दर्भ से सीधे या परोक्ष ढंग से प्रतिकूल होते हुए अपने तात्कालिक अनुभव को मनुष्य के चरम अनुभव के प्रकाश में उजागर करने और समझने की कोशिश करते हैं, उन्हें ही आधुनिक कहा जा सकता है। जाहिर है कि जहां आधुनिक कवि का समकालीन होना अनिवार्य है, यह बिल्कुल जरूरी नहीं है कि हर समकालीन कवि आधुनिक भी हो। शायद हर समाज कहीं गहरे अपनी नियति, अपने भविष्य, अपने धर्म की खोज करता संसार है।''[19]

नवगीत का सन्दर्भ

आधुनिक बोध नवगीत का सबसे प्रधान वैचारिक लक्षण माना गया है। इस सम्बन्ध में डॉ. शंभुनाथ सिंह ने उसे एक नया सन्दर्भ दिया है। इस सम्बन्ध में उनका कहना है कि ''आधुनिक युगीन ज्ञान-विज्ञान और प्रविधि से प्रभावित मानव की मूर्ति जिस साहित्य के केन्द्र में प्रतिष्ठित होती है, वही आधुनिक साहित्य है।...यथार्थ जीवन की वस्तुपरक अनुभूतियों को अपने दृष्टिकोण या आकांक्षाओं का रंग चढ़ाकर प्रस्तुत करता है। ऐसे ही साहित्य को आधुनिक बोध से युक्त साहित्य कहा जाता है।''[20] आधुनिकता के केन्द्र में यथार्थ की स्थिति मानव को लक्ष्य करके होती है। डॉ. सिंह के अनुसार मानव को केन्द्र में स्थापित करके आज आधुनिकता की परिभाषा निश्चित की जा सकती है। जिस विचारधारा, ज्ञान-विज्ञान, कार्य तथा प्रविधि से मानव जाति को किसी भी स्तर पर क्षति पहुँचती है, उसे केवल मानवता विरोधी ही नहीं आधुनिकता विरोधी भी स्वीकार करना चाहिए।[21]

इस प्रकार हम देखते हैं कि नवगीतकार यथार्थ दृष्टि में एक आदर्श भी प्रतिष्ठित करने का पक्षधर है। 'क्या है' से आगे 'क्या होना चाहिए' यह भी उसका विचार क्षेत्र है। आधुनिकता की यह दृष्टि भारतीय जीवन दृष्टि का प्रभाव है। वे आधुनिकता को सार्वभौम न मानकर युग सापेक्ष और देश सापेक्ष मानते हैं–

'वस्तुतः आधुनिकता कोई सार्वभौम और सार्वदेशिक अवधारणा नहीं हो सकती। संसार के विभिन्न देशों की अलग-अलग ऐतिहासिक और सांस्कृतिक परम्पराएँ रही हैं। उनके भौगोलिक परिवेश और पर्यावरण अलग-अलग है। अतः उनकी जीवन की आवश्यकताएँ और तज्जन्य जीवनदृष्टि भी बहुत कुछ अलग है।

विभिन्न देशों की अपनी-अपनी राष्ट्रीय तथा सांस्कृतिक आवश्यकता भी है जिसके स्वरूप की रक्षा करते हुए भी आधुनिकतावादी जीवन दृष्टि को अपनाया जा सकता है।'[22]

नवगीत के सम्बन्ध में डॉ. सिंह ने आधुनिकता के साथ भारतीयता को अनिवार्य माना है। इसका कारण यही है कि आधुनिकता का ग्रहण किसी देशीय परिवेश में ही होगा जिसकी अपनी सांस्कृतिक परम्पराएँ भी होंगी। पश्चिम में भी उत्तर आधुनिकतावादियों ने सांस्कृतिक लगाव के साथ आधुनिकता को ग्रहण करने को आधुनिकता से आगे का चिन्तन माना है। डॉ. शंभुनाथ सिंह ने इसलिए अपने चिन्तन में आधुनिकता और भारतीयता के सामन्जस्य पर बल दिया जिसका बड़ा व्यापक प्रभाव 70-80 के दशक में देखा जा सकता है। इस सम्बन्ध में वे बड़े स्पष्ट और प्रभावी ढंग से अपने विचार रखते हैं–

"भारत की आत्मा को जानने के बाद भी हम आधुनिकतावादी बन सकते हैं किन्तु मात्र आधुनिकतावादी बने रहकर हम भारत की आत्मा से असम्पृक्त रह जाएँगे।...ऐसी आधुनिकता हमारी संस्कृति, कला और काव्य की निजी पहचान नहीं उत्पन्न कर सकेगी।"[23]

नवगीत के अस्तित्व के मूल में आधुनिकताबोध ही है। आधुनिकता हमारी बाहरी दिखावे की वस्तु नहीं बल्कि आन्तरिक जीवन और दृष्टिकोण में निहित होती है। इस दृष्टि से नवगीत सही माने में आधुनिक कविता है।[24] इस दृष्टि से नवगीत में आधुनिकता के पाँच लक्षणों को उन्होंने प्रतिपादित किया है–(1) उदार मानवतावादी दृष्टि (2) लोकतान्त्रिक चेतना (3) वैज्ञानिक दृष्टिकोण (4) महानगरों का अभिशप्त जीवन (5) भारतीयता की अस्मिता।[25]

आगे चलकर नवगीत की यह आधारभूमि और विस्तृत होती गई है। आंचलिकता और ग्रामबोध पर अगले दशक में विशेष बल देखा जाता है, पर यह भारतीय अस्मिता की अवधारणा के अन्तर्गत ही आता है क्योंकि भारत अंचलों में, गाँवों में, खेतों और किसानों में ही अधिक है। जब आम आदमी की बात की जाती है तो स्वभावतः हमारी दृष्टि गाँव की ओर जाती है।

नवगीत का स्थापित होने का संघर्ष

60-70 का दशक नवगीत का संघर्षकाल कहा गया है। इस दशक के नवगीतों की विशेषता निरूपित करते हुए शंभुनाथ सिंह ने लिखा है कि इस दशक में नवगीत में आधुनिकता बोध की अभिव्यक्ति होने लगी और अब वह मात्र आंचलिक गीत नहीं रह गया, न उसमें व्यक्ति-मन की निजी अनुभूतियों की अभिव्यक्ति की रोमानी प्रवृत्ति ही शेष रह गई। अब नवगीत पूर्णतः यथार्थ जीवन की त्रासदी और उत्पीड़न को अभिव्यक्त करनेवाला आधुनिकतावादी गीत बन गया।[26]

1964 में अलवर से प्रकाशित 'कविता' नामक पत्रिका का नवगीत विशेषांक प्रकाशित हुआ जिसमें वस्तुतः पहली बार नई कविता से स्वतन्त्र अस्तित्व के रूप में नवगीत स्थापित हुआ। इसमें ठाकुर प्रसाद सिंह, उमाकान्त मालवीय, रामदरस मिश्र, ओम प्रभाकर, भगीरथ भार्गव, देवेन्द्र कुमार, नईम, नरेश सक्सेना, छविनाथ मिश्र, महेन्द्रशंकर, सोमठाकुर शलभ श्रीराम सिंह के नवगीत सम्मिलित थे। इसके आलोचना पक्ष को निरूपित करनेवाले डॉ. शंभुनाथ सिंह, डॉ. रवीन्द्र 'भ्रमर', डॉ. रामदरस मिश्र और डॉ. रमेश कुन्तल मेघ के लेख थे। इसमें डॉ. शंभुनाथ सिंह का लेख 'नई कविता' और 'नवगीत' प्रकाशित हुआ था जिसमें नवगीत की मान्यताओं के केन्द्रीय तत्वों का निरूपण तथा नई कविता से उसके अलगाव को लक्षित किया गया था। इस अध्याय में 'आधुनिकताबोध' शीर्षक के अन्तर्गत जिन विचारों का उल्लेख किया गया है उन्हीं को उक्त लेख में प्रकट किया गया था।

सातवें दशक के मध्य में गीत-1 (1966) दिनेश सक्सेना के सम्पादन में तथा गीत-2 (1967) भूपेन्द्र कुमार 'स्नेही' के सम्पादन में निकला। इसमें नवगीत रचनाएँ तथा समीक्षात्मक आलेख दोनों थे। 1969 में 'पाँच जोड़ बाँसुरी' चन्द्रदेव सिंह के सम्पादन में प्रकाशित हुई। 1980 में 'नवगीत-सर्जन और समीक्षा' माहेश्वर तिवारी, देवेन्द्र शर्मा 'इन्द्र' और डॉ. भगवानशरण भारद्वाज के सम्पादन में आई। इस प्रकार 'नवगीत' इस दशक में बहुत चर्चित हुआ। डॉ. भगवतशरण उपाध्याय, डॉ. विद्यानिवास मिश्र, डॉ. नामवर सिंह, डॉ. केदारनाथ सिंह, डॉ. रमेश कुन्तल मेघ जैसे प्रतिष्ठित समीक्षकों ने उस पर आलेख लिखे और वह अपनी प्रकृत भूमिका को सही ढंग से पा सका।

यह सही है कि इस दशक में डॉ. शंभुनाथ सिंह का कोई नवगीत-संग्रह प्रकाश में नहीं आया पर वे ठहराव की स्थिति में नहीं थे। राजेन्द्र गौतम ने लिखा है कि 'डॉ. शंभुनाथ सिंह, वीरेन्द्र मिश्र, उमाकान्त मालवीय, देवेन्द्र शर्मा 'इन्द्र' की रचनाएँ उस समय पत्र-पत्रकाओं में प्रकाशित हो रही थीं[27] 1967 में उनकी एक प्रसिद्ध नवगीत रचना धर्मयुग में छपी जो बाद में 'जहाँ दर्द नीला है' संग्रह में छपी। इसमें आधुनिक जीवन की यथार्थ तस्वीर नई भाषा के मुहावरे में बड़ी प्राणवत्ता के साथ प्रस्तुत हुई है—

फुट पाथों की दीवारों पर
कीलों से जड़ दिया गया हूँ।
नंगी सुबहें, भूखी शामें,
पहरा देतीं मुझको घेरे,
व्यर्थ हो गई सब रोशनियाँ,
बेमानी हो गए अँधेरे।

X X X

बेमतलब बोलती जुबाँ है,
अनचाहे घूमती नजर है;
कत्लगाह को जानेवाली,
पिंजड़ा गाड़ी मेरा घर है।[28]

डॉ. शंभुनाथ सिंह की इस दशक में स्फुट रूप से और भी रचनाएँ प्रकाशित हुई जो 'जहाँ दर्द नीला है' संग्रह में हैं। इस संग्रह में 60 से 76 ई. तक के गीत सम्मिलित हैं।

सांराश यह है कि संघर्षकालीन नवगीत की वैचारिक पीठिका निर्माण करने में तो डॉ. शंभुनाथ सिंह की प्रमुख भूमिका है ही, इस दशक में अपने नवगीतों के माध्यम से उस आधुनिकताबोध को भारतीय सन्दर्भ में प्रस्तुत करके मानव-रचना का आदर्श भी उनके द्वारा उपस्थित किया गया।

सन्दर्भ

1. डॉ. शंभुनाथ सिंह–व्यक्ति और स्रष्टा (मूल्यांकन) पृ. 73/2. प्रयोगवाद और नई कविता पृ. 217-219/3. नवगीत के प्रतिमान और आयाम, पृ. 117/4. आधुनिक परिवेश और नवलेखन, पृ. 238, 39/5. वही, पृ. 240/6. समकालीन हिन्दी कविता का परिप्रेक्ष्य और नवगीत पृ. 38-39/7. हारेस एम.केलेन–एन साइक्लोपीडिया आफ सोसल साइंसेज, भाग-10, पृ. 564/8. वेबेस्टर–थर्ड न्यू इन्टरनेशनल डिक्सनरी भाग-2, पृ. 1452/9. जीव. एस. फ्रेजर–दि मार्डर्न राइटर एण्ड हिज वर्ल्ड, पृ. 12/10. फ्रेजर–दि मार्डर्न राइटर एण्ड हिज वर्ल्ड, पृ. 16/11. वि.कु.अग्रवाल–आधुनिकता के पहले, पृ. 15-16/12. वही पृ. 17/13. लक्ष्मीकान्त वर्मा–नई कविता के प्रतिमान, पृ. 249-254/14. गिरिजा कुमार माथुर–नई कविता की सीमाएँ और सम्भावनाएँ पृ. 105/15. डॉ. देवराज–आधुनिकता का अर्थ, कल्पना, जुलाई-अगस्त, 1962, पृ. 26-28/16. परमानन्द श्रीवास्तव–हिन्दी तथा आधुनिकता का प्रश्न, कल्पना सितम्बर, अक्टूबर 1962/17. शिव प्रसाद सिंह–आधुनिक परिवेश और नवलेखन, पृ. 95-96/18. वही पृ. 92-93/19. अशोक वाजपेयी–फिलहाल, पृ. 18/20. नवगीत के प्रतिमान तथा आयाम, पृ. 113/21. वही पृ. 115/22. वही पृ. 116/23. नवगीत के प्रतिमान तथा आयाम, पृ. 110/24. वही, पृ. 118/25. वही, पृ. 119-122/26. नवगीत अर्द्धशती (मू.) पृ. 17/27. हिन्दी नवगीत–उद्‌भव और विकास पृ. 22/28. धर्मयुग, 25 जून, 1967

5

उत्कर्षकालीन नवगीत

उत्कर्षकालीन नवगीत और डॉ. शंभुनाथ सिंह

नवगीत के उद्‌भव और विकास पर विचार करते हुए दूसरे अध्याय में हमने नवगीत की स्थापित विशेषताओं का विचार किया है। साथ ही डॉ. शंभुनाथ सिंह के द्वारा प्रायोजित नवगीत दशक, 1, 2, 3 की भूमिका और उपलब्धियों तथा नवगीत अर्द्धशती के प्रकाशन पर विचार कर लिया है। अतः उन बातों का फिर से उल्लेख पुनरावृत्ति ही होगी। निश्चय ही नवगीत के इस चतुर्थचरण की ये महान उपलब्धियाँ हैं। इसी चरण में नवगीत के वैचारिक और शिल्पगत आधारों का भी आलोचकों और रचनाकारों द्वारा निरूपण हुआ जिसका विवेचन भी पूर्ववर्ती अध्यायों में यथा स्थान किया जा चुका है। अतः इस अध्याय में डॉ. शंभुनाथ सिंह की नवगीत की दिशा में सर्जनात्मक उपलब्धियों का मूल्यांकन किया जाएगा। उनकी तीन कृतियाँ इस अध्याय में विवेच्य हैं—

(1) जहाँ दर्द नीला है (1977) (2) वक्त की मीनार पर (1986) और (3) माताभूमिः, पुत्रोऽहं पृथिव्याः (1990)।

जहाँ दर्द नीला है :

यह 52 नवगीतों का संग्रह है जिसमें 1960 से 1976 तक के नवगीत संगृहीत हैं। इस संग्रह के 'अकथ्य' में कवि इन गीतों के कथ्य के सम्बन्ध में दार्शनिक मुद्रा में इनके द्वारा 'अबोल' अनुभूत कथ्य का न कहा जा सकना, ही व्यक्त करता है। वह लिखता है—'जिसे बार-बार अनेक रूपों में देखा, जिसे आज तक प्रतिक्षण सहन करता रहा, भोगता रहा, वह अबोध कथ्य क्या इन गीतों में कहा जा सकता है ? वह जो अनुभव में उतरता रहा, वाणी में व्यक्त क्यों नहीं हुआ ? क्या है जिसे मैं जानता हुआ भी न जान सका, बार-बार कहने के बाद भी जो मुझसे अनकहा ही रह गया ? शायद वह एक नीला दर्द है जो शब्दों के अंगों पर अनबूझ

लकीरों के रूप में उभरता और गीत की लहरों की वापसी के बाद प्रतिध्वनित होता रहा।'[1] कवि वाणी में, शब्द में, भाषा में अपने पूरे अनुभव को जब उतार पाता है। चरम अनुभूति तो व्यक्त हो ही नहीं पाती। 'दर्द' और वह भी मानवता का दर्द, निश्चय ही चरम अनुभूति है। इसीलिए कवि के इस अहसास की सच्चाई का यह लेख विश्वसनीय है। वह आगे अपनी सिराओं के नीले रंग में मानों उभरते दर्द को नीला दर्द कहता हुआ, उसकी पहचान कराना चाहता है। पर यह पहचान कोई मर्मी ही पा सकता है।

'अकथ्य' में आगे कहा गया है–"वह एक अनुगूँज है, एक अविवक्षित ध्वनि मात्र। वही गायत्री है, वही प्रणव है, वही अनाहत है, वही स्फोट, बिन्दु और नाद है।"[2] यहाँ आकर कवि पहेली को और भी गहरा देता है। अनुगूंज तो समझ में आती है, जिसे काव्यशास्त्रियों ने ध्वनि कहा है। वे अविवक्षित ध्वनि कहकर 'अविवक्षित वाच्य ध्वनि' का संकेत दे देते हैं कि दर्द के ये गीत अभिधात्मक न होकर ध्वन्यात्मक हैं। ध्वनि को आचार्यो ने दर्शन के स्फोटवाद के सिद्धान्त से निकली हुई अवधारणा माना है। अतः 'स्फोट' भी ठीक; पर गायत्री, प्रणव, अनाहत और नाद-बिन्दु से इन गीतों का क्या सम्बन्ध है, यह एक विचारणीय प्रश्न कवि छोड़ देता है। जहाँ तक समझ में आता है कि चरम प्रश्न के ही उत्तर के रूप गायत्री, प्रणव, अनाहत और नाद-बिन्दु हैं। उसी प्रकार इन गीतों में चरम प्रश्न के उत्तर हैं जो उतने ही गूढ़ हैं जितने उपर्युक्त शब्दों के अर्थ हैं।

वह आगे कहता है कि 'कहना मेरी विवशता रही है और न कह पाना मेरी नियति।'[3] यह प्रत्येक कवि की विवशता और नियति है कि वह जितना कुछ कह पाता है, वह उसके लिए कभी सन्तोषजनक नहीं होता, उसे लगता ही है कि अभी कुछ कहने को रह गया। पर आधुनिक युग की जटिलता में कुछ न कह पाने की स्थिति अधिक आती है। राग-बोध की अभिव्यक्ति तो सहज होती है क्योंकि वह भावुकता के आवेश में स्वयं भाषा बन जाता है, पर जो करूणा, व्यथा, पीड़ा दर्द के जटिल अहसास के साथ भाव तो जागृत करती है पर बुद्धि को भी झकझोर देती है, उसकी अभिव्यक्ति अपने 'अटपटे पन' में ही शायद होती है। इसीलिए वह कहता है–"कहने और न कह पाने के इस अन्तर्द्वन्द्व ने इन गीतों को ऐसा अटपटा बना दिया है कि गीत-विधा का समस्त परम्परागत कथ्य इनसे बहुत पीछे छूट गया है। इस अटपटेपन के कारण भी शायद इनमें कुछ नवीनता आ गई हो, पर वस्तुतः इन गीतों में व्यक्त बोध की अकथ्यता ही इनकी नवीनता है। यह नवीनता इन गीतों को यदि नवगीत बनाए तो मुझे आपत्ति नहीं होगी। इन गीतों की भाषा में वह अभासित बोध पूरी तरह अँट नहीं पाया है। फलतः मुझे ये सभी गीत खंडित और अधूरे लगते हैं।"[4] इस कथन में खास बात यह है कि गीत-विधा का परम्परागत कथ्य इन गीतों में छूट गया है जो कम से कम शंभुनाथ जी के

पुराने संग्रहों के गीतों में उनके साथ था। दूसरी बात ये सभी गीत खंडित और अधूरे हैं क्योंकि इनमें खंडित और अधूरे बिम्ब अभिव्यक्ति के माध्यम बने हैं।

रागबोध

शंभुनाथ मूलतः राग के कवि हैं। नवगीत के उत्कर्षकाल में जब वे 'स्व' को पर में विलीन करके अधिकतर युग की विभीषिका और आज के गाँव-शहर की जिन्दगी के अकथ्य कथ्य को नवगीत में उतारते हैं, तो भी उनका रागारूण अन्तःकरण उनके साथ है। नई संवदेना और जटिल युगबोध के साथ वे अपने 'स्व' को भी दर्द की आवाज में व्यक्त करते ही रहते हैं। 'प्यार' अब भी उनके गीत का शीर्षक बनता है और वे उसकी महत्ता के बोल बोलते हैं–

प्यार किस देवता से कम मेरा।
प्यार की आरती है गम मेरा।
X X X
जिन्दगी की अँधेरी गलियों में,
इनकी पूजा है हर कदम मेरा।
X X X
याद करता हूँ इसलिए हरदम,
जाने कब टूट जाए दम मेरा।

दम टूटते समय तक प्यार की याद कवि के मन को छूती रहेगी और उस समय तक वह अपनी याद को बनाए रखना चाहता है।

अपनी राग की अनुभूतियों को कवि बड़ी गहराई से इस रचना में व्यक्त करता है। उसके राग को स्वर प्रदान करनेवाली हँसी कितनी पावन है, वह उसे त्यौहार जैसी तथा अजाने लोकों से आई हुई लगती है–

यह रात हाथ में हाथ धरे अरमानों की,
वीरान जंगलों की निर्झर चट्टानों की,
घाटी में टकराते खामोश तरानों की,
त्यौहार सरीखी हँसी अजाने लोकों की
यह बेपहचानी, तुम जानो या मैं जानूँ।
यह रात सुहानी तुम जानो या मैं जानूँ।[5]

इस रागबोध को व्यक्त करने के लिए साधारणतः कवि भाषा के सरल सपाट मुहावरे को अपनाता है, पर नवगीत की नई भाषा का मुहावरा भी साथ-साथ चलता रहता है–

यह रात अधूरेपन की, बिखरे ख्वाबों की
सुनसान खंडहरों की, टूटी मेहराबों की,

खंडित चन्दा की, रौंदे हुए गुलाबों की,
जो होनी अनहोनी होकर इस राह गई,
वह बात पुरानी तुम जानो या मैं जानूँ।[6]

जब कभी नागफनी के काँटों और अणु भट्टियों के युगीन अहसास के बीच कवि अपने राग बोध से जुड़ता है तो उसे फिर चन्दा, पतझर, मधु ऋतु और बनपाँखी याद आ जाते हैं और इन छायावादी प्रतीकों को नए ढंग से संयोजित करके वह अपनी प्रेम-भावना को व्यक्त करने में नहीं चूकता–

अंग-अंग रंग बोर गया
पाहुन दो दिन का।
तन को मन से जोड़ गया
पाहुन दो दिन का।
बाँध रही हैं फिर मन को चन्दा की बाँहें,
पास बुलाती फिर पतझर की नंगी छाँहें।
नस-नस में रस घोर गया
पाहुन दो दिन का।
तिरने लगी हवाओं में मधुऋतु की झाँकी,
दूर कहीं उड़ता होगा मेरा बन पाँखी।
आग लगा हर ओर गया
पाहुन दो दिन का।[7]

राग और रस को नई कविता और नवगीत कितना ही नकारे किन्तु ये मनुष्य के शाश्वत बोध हैं, यह शंभुनाथ के उत्कर्षकालीन नवगीतों में सम्मिलित 'रागमय बहारों में' लिखे गए गीतों से साफ जाहिर है। वह लिखता है–

रागमय बहारों में,
रंगमय फुहारों में,
एक गीत मेरा है,
एक गान तेरा है।
बासन्ती शामों की गन्धभरी रंगीनी,
क्षितिज पर कुहरे की दुहरी परत झीनी,
इन अर्जित घड़ियों में,
रस की फुलझड़ियों में,
एक मौन मेरा है,
एक मौन तेरा है।[8]

अपनी 'अन्तर्यात्रा' में कवि जब चलता है तो उसे वही पुरानी रागमय घड़ियाँ स्मरण

आती हैं। सारे बन्धनों और घेरों के टूट जाने के बाद भी वह अपने मन को पुकार कर यही पूछता है कि अभी कहाँ तक ले जाओगे। उसे 'चार चरण और सात फेरे' तथा 'अश्रु और हास की फुहारें' सब भूल गई लगती हैं, पर उसका प्रश्न यथावत है—

काल की तरंगों में
बह गई दिशाएँ,
प्राण कहाँ पर ठहरें
और किधर जाएँ ?
भारहीन तिरता मैं आज शून्य में रे।
और कहाँ तक ले जाओगे मन मेरे।[9]

कवि के 'वे दिन' बीत गए हैं जब फूलों की हथकड़ियाँ हाथों में थीं, चन्दन की गन्ध थी। सोने के रंग की साँझ को अजगर सी अँधियारी निगल गई है, रस के बादल रीत गए हैं। सपनों के पदचिह्नों को रौंदते जीवन-मीत चल गए हैं, पर—

इस उजड़ी बस्ती के पार कहीं
दूर दूर फैली चट्टानों में
दीख रही है कोई राह नहीं।
पथ के पहचाने पद हार गए
पद के अनजाने पथ जीत गए।

इसमें उन दिनों की एक कसक और वेदना है, जिससे वे दिन बीत जाने पर भी भूलते नहीं और नवगीत के नए सन्दर्भो में आकर भी कवि इनसे जुड़ा रहता है। इस प्रकार के रागबोध के गीत 'जहाँ दर्द नीला है' संग्रह में कम से कम एक चौथाई हैं। इस नीले दर्द में जो कवि की शिराओं पर छाया है, एक चौथाई दर्द उसके निजी प्रेम की पीड़ा का भी है। यह बात जरूर है कि ये गीत इस संग्रह के स्वाद को बदलते तो हैं, पर ये इसके मुख्य स्वाद नहीं है और न इनसे कवि के नवगीतकार व्यक्तित्व की पहचान ही होती है। "प्रणय में आहत और खंडित होने का विप्रलम्भ प्रधान दुःख अपने रागलोक के सन्दर्भ के साथ नवगीत में निःसन्देह चित्रित हुआ है, पर यह इसका मुख्य स्वर नहीं है और न ही नवगीतकार की भाँति इसी राग प्रधान दुःख को छाती से चिपटाए घूमता रहा है, उसने वेदना के इस सन्दर्भ को अपनी सीमा नहीं बनाया है। नवगीत में प्रेम-चित्रण का निषेध नहीं है, पर इस क्षेत्र में अपनी पहचान एवं दृष्टि है, जो उसे पूर्ववर्ती काव्यधाराओं से अलगाती है।"[10]

आधुनिक बोध

नवगीत आधुनिक युगबोध से सम्पन्न होता है। वर्तमान के प्रति सजगता के द्वारा ही आधुनिक बोध कविता में आता है। कवि के अनुभव क्षेत्र का जितना ही अधिक

विस्तार होगा और उसकी अनुभूति में जितनी गहराई होगी, उतना ही उसका काव्य युग की अभिव्यक्ति करने में सक्षम होगा। स्वातन्त्र्योत्तर भारत में बहुत सी स्थितियाँ उभरी हैं। पिछले अध्याय में उसका विस्तार से विचार किया जा चुका है। संक्षेप में स्वार्थवृत्ति, क्रूरता, साम्प्रदायिकता, अलगाव, विध्वंश, विनाश आज सर्वदूर दिखाई पड़ता है। इसी प्रकार आज समाज में, शिक्षा में, राजनीति में और यहाँ तक की धर्म संस्थाओं के भी दोहरे चेहरे हो गए हैं। सब जगह असली चेहरे घिनौने हैं। सब कहीं नकली मुखौटे लगे हैं। आज अच्छे शब्द केवल शब्द भर रह गए हैं, उनके अर्थ से लगाव रखनेवाला पिछड़ा, परम्परावादी, दकियानूस, प्रतिगामी आदि कहा जाता है। भ्रष्टाचार युगधर्म हो गया है। वह अब शर्म की वस्तु नहीं है। झूठ और दगाबाजी राष्ट्र के कर्णधार भी खुले खुले करते हैं। यह अपने भारतीय समाज की स्थिति है जो स्वतन्त्रता के बाद की तमाम स्थितियों की उपज है।

आधुनिक बोध का एक और भी कारक है जो विश्वभर में है और जिसका प्रसार तेजी से भारत की जमीन और आसमान पर भी हो रहा है, वह है वैज्ञानिक आविष्कारों का अभिशाप। इसी के साथ औद्योगीकरण, धन की संस्कृति या उपभोगवादी संस्कृति का जन्म भी हुआ। नग्नता और मूल्यहीनता जो पश्चिमी जगत् से भारत में पहले साहित्य के जरिए आई और अब संचार माध्यमों (इलेक्ट्रानिक मीडिया) के जरिए आ रही है, एक अपसंस्कृति का प्रसार कर रही है। इसी के साथ ही विदेशी व्यापार और कर्ज भी हमारे देश की आर्थिक स्वतन्त्रता पर ग्रहण बन रहे हैं। 'गैट' का समझौता और 'डंकल प्रस्ताव' इसी की उपज हैं। बहुराष्ट्रीय कम्पनियों का जाल और निजीकरण की हमारी नीतियाँ फिर से एक पूँजीवादी गिरफ्त में कसने की प्रक्रियाएँ हैं। आजादी के पूर्व ही भारतीय जन-गण के नेताओं ने इसकी बराबर भर्त्सना की थी। इस परिवेश का भी हमारे जीवन पर प्रभाव पड़ रहा है। हम विश्व के साथ जुड़ रहे हैं। वैश्विक बन रहे हैं। पर कहीं हमारा 'स्व' विश्व में विलीन होकर अँधेरे की गुफा में खो न जाए यह खतरा भी आज का आम भारतीय महसूस कर रहा है।

इन सारी परिस्थितियों और सन्दर्भो के साथ हमारी स्वतन्त्रता की कीमत और उसका अर्थ है। आज अराजक तत्वों, गुण्डों, माफियाओं, आतंकवादियों आदि से हम कितने सुरक्षित हैं और आजादी हमें है या इनको ? हमारा आन्तरिक रक्षा-तन्त्र कितना सक्षम है और उसका कौड़ियों के मोल अपराधियों के हाथ बिकना कितनी आम बात है, हमारे नेता कितने चरित्रवान हैं—अपने व्यक्तिगत और सामाजिक जीवन में। ऐसी बहुत सी बातें हैं जो आज के युग को बिम्बित करती हैं। उसका बड़ा तल्ख अहसास ही नवगीत की मुख्य प्रेरणा-भूमि है।

आधुनिक बोध की युग-संवेदना को नवगीतकार वाणी प्रदान करने में अपनी अभिव्यंजना को एक विशेष आयाम प्रदान करता है। यदि वह अपनी अनुभूति को गद्य-कविता में यथारूप प्रस्तुत करें तो वह प्रवचन या व्याख्यान तो बन सकती

है, कविता नहीं। कवि मानवीय करुणा का प्रतिनिधि बनता है। उसकी करुणा ऐसा मन्त्र बनती है जो युग और देश सापेक्ष होकर भी सार्वजनिक और वैश्विक बन जाती है। यही वह भूमि है जहाँ से बाल्मीकि का क्रौंचवध प्रसंग वैश्विक भूमि पर प्रतिष्ठित होता है और कालिदास के यक्ष की वेदना जागरिक विस्तार पाती है। इसीलिए शंभुनाथ अपने गीतों को गायत्री, प्रणव आदि कहते हैं तो काव्य की उसी मन्त्र-शक्ति का अधिष्ठान संकेतित करते हैं।

राजेन्द्र गौतम जब यह कहते हैं कि "मन्त्र, प्रेरणा है, बल है, विश्वास है।...मन्त्र या ऋचा ही कविता का सार्थक रूप है।...यों आज का कवि ऋषि से भिन्न कहना चाहिए कि अतिरिक्त-भूमिका का वहन कर रहा है। वह घायल ऋत चक्र का द्रष्टा मात्र नहीं है, बल्कि स्वयं भी एक यन्त्रणा-वृत्त में फँसा हुआ भोक्ता है।...उसके काव्य में जो तमतमाहट है, सात्विक आक्रोश है और जो करुणा है, वह स्वेतर जगत् की पीड़ा का परिणाम है और उसके काव्य में जो व्यथा है, निराशा, घुटन और टूटन है, वह स्वयं एक व्यक्ति के रूप में कुचले जाने का परिणाम है क्योकि जहाँ वह देखता है कि अनैतिक, स्वार्थी, क्रूर और आत्मलिप्त शक्तियों ने जन जीवन के विश्वास को लौह-चक्रों के नीचे कुचल दिया है, वहाँ उसे यह लगता है कि वह ओर छोर फैले मरुस्थल में जल के लिए जूझ रहा है, जबकि रेतीली आँधियों का वेग क्रमशः प्रखर होता जा रहा है। उसे प्रतिक्षण लगता है कि वह दावा के जंगल में घिरा हुआ हिरना है।'[11]

डॉ. शंभुनाथ सिंह के काव्य में दो स्थितियाँ बड़ी खूबी के साथ उभरी हैं। आज के बोध को अपनी संकेत-गर्भित भाषा में व्यक्त करते हैं। परिवेश के घुटन भरे विषाक्त अनुभव के साथ शब्द मिले हैं–

जहाँ अस्थियों की दीवारें सब ओर,
मेहराबों में साँपों के बन्दनवार
आवाजें हाक् हाक् हाक् की कठोर।
अन्धी घाटी में जो
मुर्दों का टीला है,
वहीं कहीं मैं हूँ।[12]

मुर्दों का प्रतीक बहुत बार आया है। जैसे–

अन्धकारवाले गलियारों में
मुर्दे-सा सड़ रहा शहर है।

इन्हीं प्रतीकों से विषबुझी जिन्दगी को बार-बार व्यक्त किया गया है। जैसे–

जिस पथ पर भी कदम बढ़े
साँपों ने पाँव में डँसा।[13]

अथवा
आँखों की खिड़की से दीख रहीं,
लंगड़ी सड़कें, अन्धी गलियाँ,
x x x
अन्धकारवाले गलियारों में
मुर्दो सा सड़ रहा शहर है;[14]
अथवा
खंडहर का नाम बनी
मेरी परछाई।[15]

साँप के भयानक दम्भ से कुछ कम दम्भवाले जीव भी हैं जो मारते नहीं हैं पर बड़ा गहरा आघात करते हैं या बिना आघात के ही धीरे-धीरे कपड़े आदि खा जाते हैं। दोनों ही प्रकार के आदमी भी हैं–

झींगुरों, बिच्छुओं, तिलचटों से भरी
एक दुनिया निराली मुझे है मिली,
x x x
डंक के चोट से तिलमिलाता न मैं,
इस कदर पी चुका आदमी का जहर।[16]

इस वातावरण में 'आदमी' नहीं हैं, बाकी सब कुछ है। आदमी की शक्लवाला तो कोई है, मगर आदमी जिसमें प्रेम और करुणा का सागर लहराता था, वह कहाँ आज है–

(1) जहाँ आदमी नहीं, नहीं आदमजात
बहता अनवरत जहाँ अन्धड़ रेतीला है।
वहीं कहीं मैं हूँ।[17]

(2) होती ही रहेंगी सड़क पर
यों ही लाखों दुर्घटनाएँ,
आस पास चीखती गुहारें
धुआँकस घरों में हत्याएँ
टूटेंगे यों ही, ये टूटेंगे,
आदमकद काँच के खिलौने।[18]

आज की जिन्दगी के जटिल अहसास को, अस्तित्वहीन जैसी शून्यता और निराशा-घुटन के वातावरण के लिए कुछ और नए प्रतीकों का प्रयोग इस रचना में किया गया है। जैसे–

हो गए धुआँ धुआँ दिये,

मिट गए तमाम हाशिये,
रोशनी शहीद हो गई
सिर्फ अन्धकार के लिए।[19]

फुटपाथ की जिन्दगी के प्रतीक कैसे मार्मिक हैं—

फुटपाथ की दीवारों पर,
कीलों से जड़ दिया गया हूँ
नंगी सुबहें, भूखी शामें
पहरा देतीं मुझको घेरे
व्यर्थ हो गई तब रोशनियाँ
बेमानी हो गए अँधेरे।[20]

जिन्दगी में कितनी अनिश्चितता है। इस फुटपाथ वालों की जिन्दगी मौत का एक पड़ाव है—कब वह आ टपकेगी, कहा नहीं जा सकता—

बे मतलब बोलती जुबाँ है
अनचाहे घूमती नजर है
कत्लगाह को जानेवाली
पिंजड़ागाड़ी मेरा घर है।[21]

जलते जंगल, कत्लगाह से नगर, पागल खाने सी बस्ती, चीड़फाड़ घर से घर भी उनके प्रिय प्रतीक हैं।[22] ये तो कुछ ऐसे प्रतीक हैं जो नई कविता से लेकर नवगीत तक रूढ़ से हो गए हैं। शंभुनाथ जी ने ढेर सारे नए प्रतीकों और बिम्बों से अपने नवगीतों की ताजगी को सँवारा है। यदि नए-नए प्रतीकों और बिम्बों की तलाश न होती रही और वे रूढ़ हो गए तो छायावादी प्रतीकों की तरह इनमें भी सड़ान्ध आ जाएगी। शंभुनाथ जी इस दृष्टि से बड़े ही जागरूक रचनाकार हैं। **'शाम'** शीर्षक गीत से कुछ नई प्रयोग भंगिमाएँ प्रस्तुत हैं—

सहलाएगी दुखता सिर
यादों की यादों की याद।[23]

यहाँ 'याद' शब्द के तीन बार आवृत्ति कितनी सार्थक और 'याद' कितनी शान्तिदायक है, वह गहरी अनुभूति है। इसी प्रकार—

खिंची हुई प्रत्यंचा सा
यह नीली नसों का तनाव।

आदमी क्या है जैसे चलती-फिरती चिमनी है—

चलती फिरती यह चिमनी

धुआँ उगलती बिना बिराम।

कुछ वैज्ञानिक प्रतीक भी उदाहरण के तौर पर देखे जा सकते हैं–

आग की एक शहतीर सी
आ गिरी पास जलती हुई,
तोड़ती घर, मुँडेर, छतें,
लाल शोले उगलती हुई
और लाखों किलोवाट की
जल उठीं पास अणु-भट्ठियाँ
उठ रही हैं जहर से भरी
गैस की तेज आँधियाँ।[24]

कुछ और नए प्रयोगों की बानगी निम्नलिखित पक्तियों में दी जा रही है–

(1) सादे भोजपत्र के दिन
पहाड़ सा अपना खालीपन (जहाँ दर्द नीला है पृ. 45)
(2) पूरा आकाश कैद, परखनली में (वही, पृ. 92)
(3) रीतता गया मैं अँजुरी के जल-सा (वही, पृष्ठ 91)
(4) झीलों जैसी आँखें हैं,
नदियों जैसी बाँहें हैं,
सागर जैसी चाहे हैं। (वही, पृ. 71)
(5) बियाबान बालू के टीले, झरबेरी, बाँसपन कँटीले
ढाकबनी लाल फूलवाली, नागफनी के बन गर्वीले (वही, पृ. 70)
(6) जीवन ज्यों दरवाजे के, पल्लों में दबी अँगुली। (वही, पृ. 22)
(7) जीवन की ऐंठी डोरी सुलगे जिसके दोनों ओर। (वही, पृ. 14)

उपर्युक्त कुछ उदाहरणों में देखा जा सकता है कि आधुनिक युगबोध को कवि कितनी सांकेतिक और समर्थ भाषा में आधुनिक भाषा-मुहावरे के साथ व्यक्त करने में समर्थ है।

भारतीयता की अस्मिता

कवि शंभुनाथ की अपनी मान्यता है कि आधुनिकताबोध भारतीयता और अपनी अस्मिता के साथ जुड़ा होने पर ही सार्थक है। उनकी आलोच्य कृति में पर्याप्त देशबोध और संस्कृतिबोध के स्वर समाविष्ट हैं। निराशा और घुटन के दमघोंटू वातावरण में भी कवि आशावादी है। वह मनुपुत्रों का आह्वान करता है–

अंगों में बिजलियाँ लपेटो,

चरणों में दूरियाँ समेटो,
नभ को पदचापों से भर दो,
ओ दिग्विजयी मनु के बेटो।
इन्द्रधनुष कन्धों पर धर लो।
एक और अनहोनी कर लो।[25]

अपने देश की उस संस्कृति का स्मरण उसे है जो मानवता को करुणा और शान्ति का संदेश देती रही है। अतः आज के विष को भी नीलकंठ शंकर के समान पीकर भविष्य को आशाप्रद बनाने का सन्देश देता है–

युग-युग से हम देते आए,
इतिहासों को नई दिशाएँ,
देश-देश में लहराती हैं,
करुणा की, शान्ति की ध्वजाएँ,
नीलकंठ से हम पीते
मानव की सिसकियाँ कराहें।[26]

'ऋत', जो सत्य से आगे का अनुभव है और चरम सत्य है, उसी की ओर अग्रसर होने का वह भाव जाग्रत करता है। ऋत की ओर अग्रसर होने की शर्त है, प्रकाश का सम्बल। अतः इस अन्धकार के भेदन का मार्ग है, अन्तर का प्रकाश और ऋत को प्राप्त करने का लक्ष्य है–

पढ़ते नव मन्त्र संचरण के
बढ़ते हम दुर्ग में मरण के।
चढ़ते हैं ऋत के शिखरों पर
माथे पर ताज धर किरण के।[27]

अपने बिम्बों के प्रयोग में भी कवि अपनी संस्कृति और इतिहास से सामग्री संचय करता है। बुद्ध के हीनयान और महायान मानों जादू (तन्त्र मन्त्र) में भटक गए हैं। बुद्ध की करुणा के वाहक चीवरधारी भिक्षुओं के चीवर आकाश में उड़ गए हैं और नादान धरती बलिवेदी हो गई है, जबकि बुद्ध ने बल का निषेध किया था। इस ध्वनि को आज के वातावरण में उन ऐतिहासिक बिम्बों से कवि प्रस्तुत करता है–

जादू के कजरी वन में
भटक गया है कोई यान,

चीवर का उड़ता आकाश,
बलिवेदी धरती नादान।[28]

दिन मन्त्र जैसी और रात गायत्री जैसी जिस कवि को लगती है और जो प्रकाश वर्षो की बात करता है और 'नासत्यो' (नासतोविधते भावः) का स्मरण दिलाता है, वह आधुनिकतम होकर भी इस धरती के मूल से जुड़ा ही रहेगा–

आए लो मन्त्र दिवस गायत्री रातें।
टूटे बिखरे उलझे धागों के नाते।
x x x
तै करती हैं प्रकाश-वर्षो की राहें,
धरती छूटी फिर भी खुली हुई बाहें,
खींचो ओ नासत्यो, बल्गाए खींचों,
झुकें अरुण अश्वों के पंख थरखराते।[29]

कला का चतुर्थ आयाम-काल

आधुनिक कवि कालबोध पर अपनी विशेष दृष्टि रखता है। नई कविता के ध्वजवाहक अज्ञेय में इसकी सजगता है। शंभुनाथ जी नवगीत दशक-2 में इस सम्बन्ध में लिखते हैं–'नवगीत' की विशेषता कला के चतुर्थ आयाम की धारदार और तीखी अभिव्यक्ति है। आइन्स्टीन के सापेक्षतावाद का चतुर्थ आयाम 'काल' ही कला का चतुर्थ आयाम है। 'कला के सभी पक्ष काल-सापेक्ष हैं। शंभुनाथ जी इसे कालबद्ध रचना के रूप में प्रस्तुत करते हैं पर वस्तुतः कालबोध काल की स्थिति का अन्तरबोध है। उनके गीतों में यह बोध अभिव्यक्त मिलता है। काल एक सतत प्रवाह है, उसकी गति में सभी बदलते रहते हैं–

एक चक्रवाला यह रथ विराट मेरा,
काल की धुरी जिसमें दिशा-चक्र घेरा
आदिम नदियाँ, सागर, वन, गिरि-मालाएँ,
सब इस रथ के नीचे से गुजर जाते।[30]

वर्तमानकाल में भूतकाल लक्षित होता है। उसका बोध ही मनुष्य को अपनी बीती सदियों से जोड़ता है। इसका बोध कवि को पूरा-पूरा है–

ये समय का खंडहर है
जहाँ जिन्दगी गड़ी है,
बिखरी हुई सतह पर
सदियाँ भरी पड़ी हैं।[31]

बीतते हुए दिन और परिवर्तित परिस्थितियाँ उसी काल का स्मरण दिलाती हैं–

गुजरते हुए ज्यों रश्मी प्रणाम दिन,

चले गए ले सारा ताम झाम दिन।
काले खम्भों वाले उजले पुल-से,
श्वेत कमल आन की लपट में झुलसे,
छोड़ गए धूमिल सपने केंचुल से,
रातों के संवादों के विराम दिन।[32]

वक्त की मीनार पर

यह कवि के 45 नवगीतों का संग्रह है जो 1986 ई. में प्रकाशित हुआ था। इसके सम्बन्ध में कवि कहता है कि उसने एक लम्बा समय कवि के रूप में पार किया है और वह पृथ्वी त्यागकर एक ऊँची मीनार पर खड़ा हो गया है। मानों वह वहाँ से अपनी लम्बी यात्रा को देख रहा हो। उसे लगता है कि मीनार का जीवन उससे भी परे अन्तरिक्ष का जीवन है या वायवी जीवन है। यह जीवन किस प्रकार धरती और यथार्थ से कटा हुआ है और निरर्थक है–"अन्तरिक्ष में कोई कब तक रह सकता है, जहाँ आक्सीजन (प्राणवायु) नहीं, गुरुत्व नहीं, आकर्षण शवित नहीं, वहाँ तो केवल त्रिशंकु बनकर रहा जा सकता है। आखिर धरती पर तो उतरना होगा, जहाँ पर सब कुछ है, जो वहाँ नहीं है और जिसके बिना जीना और न जीना दोनों बराबर हैं। पृथ्वी पर रहकर जीना ही वास्तविक जीना है।"[33]

इस रचना की विशेषताओं को अंकित करते हुए डॉ. कुन्दल लाल उप्रेती ने लिखा है–"कवि विज्ञानवाद, भौतिकवाद, पूँजीवादी अर्थतन्त्र से क्षुब्ध है और उससे गाँवों की संस्कृति को बचाने को कटिबद्ध है। उसने यहाँ रागात्मिका वृत्ति की रक्षा की है, लोकजीवन की विविध अवस्थाओं को प्रतिष्ठित किया है। उसने परम्परा और संस्कृति को समृद्धकर मुनष्य का प्रकृति से सीधा सम्बन्ध जोड़ने का भरसक प्रयत्न किया है। उसने लोक से बिम्ब, प्रतीक, भाषा, शब्द, मुहावरे, छन्द, धुन, लय, संगीत, अभिव्यंजना को बड़ी कुशलता से ग्रहण किया है"[34] इस प्रकार 'वक्त की मीनार पर' संग्रह के नवगीतों का कथ्य और शिल्प एक प्रकार से 'जहाँ दर्द रहता है' के समान ही है। अतः इसका विस्तार न करके इसकी कुछ विशेषताओं का दिग्दिर्शन मात्र पर्याप्त होगा।

कवि अपनी अखंड सांस्कृतिक विरासत के प्रति बड़ा ही स्वाभिमान रखता है। युगीन परिवर्तनों के साथ मूल प्राणधारा में वह अविच्छिन्न है, ऐसी संस्कृति के सम्बन्ध में वह कहता है–

देश हैं हम
महज राजधानी नहीं।
हम बदलते हुए भी
न बदले कभी

लड़खड़ाए कभी
और सभँले कभी
हम हजारों बरस से जिसे जी रहे
जिन्दगी वह नई या पुरानी नहीं।[35]

जीवन के उद्दाम प्रवाह में हमारा जातीय जीवन-बोध द्वीप भी है और धारा भी है। बहाव भी है, ठहराव भी है। बहते हुए हम धरती को और धरती पर खड़े होकर प्रवाह को आत्मसात् करते हैं। दोनों ही जीवन-सत्य हैं। वह कहता है–

एक मीनार उठती रही। एक मीनार ढहती रही
अनरुकी अनथकी सामने। यह नदी किन्तु बहती रही।[36]

'नवगीत' ने इस देश की जातीय अस्मिता को जितना महत्त्व दिया है और जिस प्रकार इसे अपनी रचनाओं में उकेरा है, वह उसका एक प्रमुख स्वर बन गया है। इस सम्बन्ध में गुलाब सिंह ने लिखा है–"हमारे जातीय जीवन का अमृत घट है हमारी संस्कृति। आषाढ़ की बूँदों में नहाई इस धरती से उठती सोंधी सुगन्ध छूती है हिमालय की चौड़ी छाती पर फैले बर्फ के रेशों से बुने उज्जवल उत्तरीय का कम्पन जो बूँद-बूँद निचुड़कर गंगा, यमुना, सिन्धु, ब्रह्मपुत्र की हँसी बनकर बिखरता है और द्रवित होकर बँटता है। घाटियों में गूँजती पपीहों की रट और जीती जाती है पानी पर मिटने की परम्परा। मिट्टी अपनी परतों में छिपा लेती है एक अँगड़ाई, एक उठान। लेकिन समय फिर करवट बदलता है और पर्तों में दबी उजास अँखुए बनकर फूटती है!"[37] इस कथन में कितनी आसक्ति और आकर्षण की ध्वनि है, अपनी संस्कृति के प्रति। यही आकर्षण डॉ. शंभुनाथ सिंह अपने नवगीत के छन्दों में व्यक्त करते हैं। लेकिन वे संस्कृति के ऊपरी ढाँचे पर रीझनेवाले नहीं, उसके भीतर के गान को भी तलाशते हैं–

यज्ञकुण्ड अग्नि होत्र के
मिले नाम, गोत्र, प्रवर भी,
सरस्वती की दिशा मिली
पणियों के ग्राम नगर भी,
कोई अभिलेख पर नहीं
सामगान के प्रगीत का।[38]

आज की जिन्दगी की असलियत को भी कवि जानता है और उसके सत्य-चित्र भी वह प्रस्तुत करता है–

एक जलता शहर हो गई जिन्दगी,

आग का गुलमुहर हो गई जिन्दगी,
हर तरफ हैं अँधेरी सुरंगे यहाँ,
हैं भटकती हुई सिर्फ रूहें यहाँ।[39]

लेकिन कवि को इस स्थिति को बदलने का पूरा विश्वास है। यह देश युगानुरूप परिवर्तनों को झेलता हुआ भी अपनी मौलिकता को नहीं छोड़ता। आज का समय मानो रामायण का अरण्यकाण्ड है पर लंकाकाण्ड भी आगे आएगा जब रावणी वृत्ति का संहार होगा–

यह अरण्य काण्ड नए युग की रामायण का
सभ्यता जहाँ वहशीपन है,
महानगर एक कहावत है
जंगल के उत्सव नर्तन हैं।[40]

खुदी को खुदा बनानेवाली सूफी भावधारा को हमारे ही वेदान्त दर्शन ने पाथेय दिया था। उसी भाव का कवि शंभुनाथ जी भी आग्रह करते हैं और जातीय स्वाभिमान को जगाते हुए बड़े ही विश्वास के स्वर में कहते हैं–

मैं तुम्हारे साथ हूँ
हर मोड़ पर संग-संग मुड़ा हूँ।
रेत में सूखी नदी की
मैं अजन्ताएँ बनाता हूँ
द्वार पर बैठ गुफा के
मैं तथागत गीत गाता हूँ
बोध के ये क्षण, मुझे लगता
कि मैं खुद से बड़ा हूँ।[41]

इस प्रकार कवि 'वक्त की मीनार पर' आते-आते अपने भारतीयता बोध में और भी प्रखर आत्मविश्वासी बन जाता है और इसकी पूर्णता उसे उसके अपने संग्रह 'माताभूमिः' में प्राप्त होती है।

माताभूमि

यह कवि का अन्तिम काव्य संग्रह है जो 1990 में प्रकाशित हुआ। इसमें दो खंड हैं–पहला 'माताभूमिः' है जिसमें 35 नवगीत हैं तथा दूसरा 'पुत्रोऽहं पृथिव्याः' जिसमें कुल 21 नव्यकाव्य या नई कविताएँ हैं। यह रचना कवि के जीवन का निचोड़ प्रस्तुत करती है। इसमें नवगीतों और नई कविताओं के नीचे यथासम्भव उनका लेखनवर्ष दिया हुआ है। उनके अनुसार इसमें 60 से 90 तक तीस वर्ष की कुछ

अभी तक अप्रकाशित पड़ी रचनाएँ हैं। साधारणतः हम 80 से 90 तक की रचनाओं को केन्द्र में रखकर इसकी समीक्षा करेंगे।

प्रकाशकीय वक्तव्य में कहा गया है—"माताभूमिः की कविताएँ नवगीत की एक ऐसी छाया को उद्भाषित करती हैं जो हिन्दी साहित्य में सर्वथानवीन भूमि को उजागर करती हैं। इसमें भारत भूमि के उन स्थानों, वस्तुओं और परिदृश्यों पर कवि की दृष्टि पड़ती है जो पूर्ववर्ती किसी भी युग के कवियों की दृष्टि से अछूते रह गए थे।...ये सभी गीत भारतभूमि से गहराई तक जुड़े हैं।"[42]

नवगीत के साथ नई कविता भी देने का कारण मुख्यतः अप्रकाशित रचनाओं को प्रकाश में ला देना है और यह उचित भी है। शंभुनाथ जी को काव्य की किसी एक विधा का आग्रह कभी नहीं रहा। वे श्रेष्ठ नई कविता को भी गीतिकाव्य का भेद मानते हैं। मैं नई कविता की उन रचनाओं को भी गीतिकाव्य का भेद मानता हूँ जिनमें लघुता, संवेदनशीलता, सहजता, भावान्विति, सांकेतिकता, बिम्बधर्मिता, प्रतीकात्मकता और लोकोन्मुखता है और जो यथार्थ जीवन से गहराई तक जुड़ी हुई हैं। उन्होंने यह भी स्वीकार किया है कि "स्वातन्त्रयोत्तर युग के 42 वर्षो में मैंने गीतिकाव्य के दोनों रूपों—अगेय नई कविता ओर गेय नवगीत की रचना साथ-साथ की है।"[43]

जहाँ तक मान्यता का प्रश्न है, वे नवगीत को भारतीय जनमानस के लिए उपयुक्त मानते हैं क्योंकि वह हजारों वर्षो की इस देश की गीतात्मक परम्परा के अनुरूप है। नई कविता को वह उसी प्रकार आत्मसात् नहीं कर सका है, जैसे ईसाई और इस्लाम धर्म और संस्कृति को आत्मसात नहीं कर सका है। फिर भी जो नव्यधाराएँ आती हैं, वे अपना प्रभाव छोड़ ही जाती हैं। इस सम्बन्ध में वे पहले से कुछ उदार दृष्टिकोण अपनाते हुए लिखते हैं—

"जो नई प्रवृत्तियाँ एक बार प्रचलित हो जाती हैं, वे अपना प्रभाव किसी न किसी रूप में अवश्य छोड़ जाती हैं। नई प्रवृत्तियों को त्याग देने का चाहे जितना भी आन्दोलन क्यों न किया जाए किन्तु वे साहित्य और कला के प्रवाह में घुल-मिलकर पारम्परिक या जातीय प्रवृत्तियों से पूर्णतः विच्छिन्न नहीं हो पाती, न तो उन्हें साहित्य और कला के क्षेत्र में पूर्णतः बहिष्कृत कर देना ही सम्भव है। इस दृष्टि से यदि यह कहा जाए कि पाश्चात्य साहित्य से आयातित गद्य कविता को पूर्णतः निकाल बाहर किया जा सकेगा तो यह इतिहास के विरुद्ध बात होगी।...उचित यही है कि आयातित और परम्परागत प्रवृत्तियों के सह अस्तित्व को स्वीकार किया जाए और यह निर्णय काल के ऊपर छोड़ दिया जाए कि इन दोनों में से कौन दीर्घ जीवी और अधिक मूल्यवान है।"[44] नई कविता की ग्राह्यता की एक ही शर्त उनकी है कि 'नई कविता का केवल वही रूप ग्राह्य हो सकता है, जिसमें छान्दसिकता के साथ भारतीय जीवन बोध भी वर्तमान हो।'[45] यह उनकी परिपक्व

वैचारिक दृष्टि का परिणाम है। वस्तुतः विधा अभिव्यक्ति का माध्यम होती है वह अपने सम्प्रेषण के गुण से ग्राह्य और त्याज्य होती है। अतः गद्य या पद्य और पद्य के विविध रूपों में साहित्य फल-फूल सकता है, इसमें सन्देह नहीं।

भारतीयता में रँगा पोर-पोर

इस संग्रह के गीतों में कवि का पोर-पोर भारतीयता और भारतीय अस्मिता में रचा-बसा है। पहले भी उनमें यह विशेषता रही है पर यहाँ वही उसका सर्वप्रभावी स्वर है। पहले भाषा और अभिव्यक्ति विधान की नव्यता के अति आग्रह से उसमें इस दृष्टि की प्रच्छन्नता दीख पड़ती है पर यहाँ सहज भाषा के सहज बोध में उसकी आस्था का रेशा-रेशा साफ उजागर होता हुआ दीखता है। पहले की गीत 'माताभूमिः' में कवि भारतमाता के प्राचीन वैभव के साथ उसका वर्तमान बिगड़ा हुआ रूप भी साफ-साफ चित्रित करता है–

> विस्मृत होते अतीत
> स्वर्णिम आख्यानोंवाली
> सोना, चाँदी, हीरों के
> लुट चुके खजानोंवाली
> खण्डहर बनकर पड़ी हुई
> मेरी माता की गोंदी।
> स्यार और श्वानों जैसे
> लोलुप इन्सानोंवाली
> आक्रामक, हिंसक, वंचक
> कायर सन्तानोंवाली
> आतंकों से घिरी हुई
> मेरी माता की गोदी।[46]

इसमें सप्रसिन्धु, गंगा, वैष्णवदेवी, खजुराहो, काशी, अरूणाचंल, गोमांतक, कश्मीर, शिवालिक आदि पर गीत तन्मयता के साथ लिखे गए हैं जो सब मिलकर भव्य भारत के प्राचीन गौरव का स्मरण दिलाते हैं। साथ ही कवि के निजी सम्पर्क की छोटी नदियों का बड़ा ही प्रभावी गीतात्मक चित्र है जिनमें माटी की सोंधी महक है। कुछ चित्र देखने योग्य हैं। सरयू नदी माँ के रूप में चित्रित है जिसमें उसका मानवीकरण है। एक साथ उस प्राचीन पवित्र नदी और एक बूढ़ी दादी दोनों के चित्र उभरे हैं–

> ओ दादी माँ सरयू, तुम कितनी प्यारी,
> भेंटती तुम्हें गंडक माँ दे अँकवारी।

लिए पोपला मुँह, उलझे बालोंवाली,
झुकी है कमर जैसे झुकी हुई डाली,
झुर्रियों भरा चेहरा बालू-परतों का
तरबूजों खरबूजों की जिसमें क्यारी।[47]

कवि के अपने जन्म ग्राम की छोटी गंडक उसे कम प्यारी नहीं है। वह कवि के मन को बराबर अपनी ओर आकर्षित करती रहती है। उसके साथ लोकश्रुति के भी चित्र उभरते हैं जो आंचलिक भाव की ताजगी से गीत को भर देते हैं–

वह पीपल पेड़ ब्रह्म बाबा का
कहते जिसको गंगाराम
तेलियामसान ताड़ पर रहता
टीले पर नट जिन बेनाम।
द्वारपाल ये मसान के तेरे
जिनके डर से रुकती साँस।[48]

ननिहाल की नदी 'सोना' मौसी बन गई है, उनकी माँ की वह बहन जो है। उसका प्रकृत चित्र कितना सजीव है–

मूज-कास-कुस के जंगल में
राह बनाती चलती जाती
साँप, जोंक, घोंघ, मेढक को
जीवन का रस सदा पिलाती।[49]

कालिदास की नगरी उज्जयनी की शिप्रा कवि को सांस्कृतिक स्मृतियों में डुबा देती है। वह पूछता है–

कहाँ गए कौमुदी महोत्सव
वे प्रमोद वन के,
सुन्दरियों के पदाघात से
वे अशोक खिलते।[50]

उसे कालिदास के 'आषाढ़स्य प्रथम दिवसे' की भी याद आती है–

वह अषाढ़ का प्रथम दिवस गुमसुम आता जाता
कहाँ कृषक-बन्धुओं की वह चितवन-संचरिता।
कहाँ गई वह कालिदास की शिप्रा जलभरिता ?[51]

आंचलिक बोध के गीत

असली देश तो गाँवों में रहता है और गाँव की संस्कृति ही असली देश-संस्कृति है। कवि गाँव से आधी सदी तक जुड़ा रहता है। नगर में रहकर भी उसका मन गाँवों में दौड़ लगाता रहा है। अपने पुराने गीतों में भी आंचलिकता और ग्रामबोध उनकी विशेषता के लिए विख्यात रहे हैं। अपनी परिपक्वावस्था में भी वह इनसे जुड़ा हुआ है। अपने गाँव को याद करता हुआ, वह उसके परिवेश को कितनी सजीवता से उतारता है कि भारत के गाँवों का एक जीवन्त रूप सामने खड़ा हो जाता है–

वे बचपन के खेल-खिलौने
डलिया मौनी सूप,
कभी नहीं अँट पाया मेरे
मन में इनका रूप।
कहाँ उड़े वे लाल लँगोटे
वह ढोलक की थाप
आल्हा, कजरी, होली, चैता,
बिरहा के आलाप।[52]

ग्राम-प्रकृति की मोहकता बचपन की यादों के साथ फिर एक बार कवि को झकझोर देती है–

आमों की मदमाती बौर के
मछुए के फूल के,
गाए थे बागों में गीत वे
डालों पर झूल के,
गाए थे गीत कुछ कनेर के
और कुछ पलाश के
गीत आस-पास के।[53]

उस जीवन की कुछ जीवन्त मूर्तियों के भी चित्र भी भुलाए नहीं भूलनेवाले हैं। एक ग्रामीण बच्ची जो गरीब घर की बेटी है, उसे याद आती है–

कीचड़ में सनी हुई एड़ियाँ
कालिख से हैं रँगी हथेलियाँ
कलुई कहती हैं सभी सहेलियाँ
चिथड़ों में लिपटी तो क्या हुआ
लाज छिपी है न तुम लजाओ।[54]

अपने 'महाभिनिष्क्रमण' नामक गीत में कवि ने अपने गाँव को छोड़कर बाहर

में आ बसने के संताप को विस्तार से व्यक्त किया है। इसमें अपने गाँव की एक-एक चीज उसे सिलसिलेवार याद आती है। उन यादों से एक पूरी तस्वीर बनती है, पुराने गाँव की जिसमें हमारी संस्कृति और लोक जीवन की मीठी सुगन्धि भीनी हुई है। एसे चौपाल में रखी 'आठो काण्ड रामायन' सबल सिंह चौहान की हिन्दी महाभारत, झाल, ढोल, मजीरे याद आते हैं। रामायन की कैथी अच्छरों में लिखी और उन्हीं में कबीर का बीजक और रमैनी लिखी थी। खाँप, चरनी, घूर, खपरैलवाले घर, फूस की मड़ैया सब याद आते हैं। और वह याद करता है–

> चौक का वह कुआँ पक्की जगतवाला
> लगी ढेंकुल
> बँधी जिसकी डोर में है डोल।
> X X X
> बँसवारियाँ, जंगल अडूसे भटकटैया
> और नरकुल के,
> धतूरे भाँग की हरियालियाँ
> वे ताल पोखर कुएँ खंदक खाइयाँ।[55]

इस प्रकार इन गीतों में पूरा गाँव ही मानो गीत की लय में उतर आया है। वास्तव में शंभुनाथ आचंलिक परिवेश को गीतों में उजागर करनेवाले निष्ठावान कवि हैं।

नगरबोध

ग्राम जीवन के सजीव वर्णन के साथ ही इसमें नगर के जीवन की यान्त्रिकता का भी वर्णन हुआ है। 'खो गया है गाँव' शीर्षक गीत में दिल्ली की वर्तमान स्थिति का बड़ा ही प्रभावी चित्र प्रस्तुत किया गया है। वहाँ सब कुछ तो है पर आदमी-आदमी के सहज रिश्ते कहीं खो से गए हैं–

> हो गए गुम व्यक्तियों के नाम,
> अन्धों की निशानी में।
> बँट गए बहुमंजिले आवास
> ब्लाकों फेज पाकेट में।
> X X X
> सूर्यपुत्री यहाँ आकर बनी वैतरणी
> प्रदूषण की कहानी में।
> हवा गुमनाम हो बैठी,
> हो गई हैं शून्य सब संवेदनाएँ
> गाँव के रिश्ते सभी भूले।[56]

इसी प्रकार 'शहर के मकान' गीत में शहरी जीवन की संवेदनहीनता और विसंगति का भावपूर्ण चित्र अंकित किया गया है–

इस मकान में कमरे कई हवादार
पर सबके सब जैसे जेठ के पठार
खिड़कियाँ सभी दहशत से रहतीं बन्द
आती न उनसे फागुनी बयार
और नहीं आती है सावनी फुहार।
X X X
ऐसा कोई भी कमरा न यहाँ है
जहाँ किसी बच्चे का जन्म हुआ है
अस्पताल में जन्मे बेटी-बेटे

सबने इन कमरों को बाँट लिया है
संवेदन-सूत्रों को काट दिया है।[57]

युगबोध

आज के युग की त्रासद विभीषिका को इस संग्रह की कविताओं ने अधिक तीखी धार के साथ व्यक्त किया है और उनका व्यंग्य भी धारदार है। 'आदिम युग की ओर' कविता में आज के आदमी के बहशीपन को रेखांकित करता हुआ वह लिखता है–

केवल बलात्कार काफी नहीं है
जरूरी है–
कि बलात्कार के समय
एक तेज धारवाली
छुरी भी पास हो।
X X X
–कमबख्त औरत
हमें पैदा करती है
हम नहीं जानते–
माँ, पत्नी, बहन क्या होती है ?
हमें इतना ही मालूम है कि औरत
एक माँस का लोथड़ा है।[58]

आज का पूरा नगर परिवेश जैसे मलबे के नीचे पैदा होनेवाले गन्दे कीड़ों के समान हो गया है। एक संकेत-भरा चित्र देखिए–

गद्दीधारी सेठ-साहूकार
केंचुए बन गए हैं
और औद्योगिक घरानों के मालिक पूँजीपति
हजार पाँववाले गोजर हो गए हैं
और सारे के सारे कमकर-किसान
डंकदार काले बिच्छू
गो ध्वस्त घरों के रसद-कमरों का
घेराव कर बैठे हैं।
अध्यापक, लेखक, कलाकार, वकील और डाक्टर
बन गए हैं किस्म किस्म के तिलचट्टे।[59]

नई कवितावाले इस अंश में कई कविताएँ युगबोध को विभिन्न दृष्टियों से प्रस्तुत करती हैं। सबमें आदमी के वर्तमान घिनौने रूप हैं। साथ ही उनके सही रूप की एक आशा और उसकी प्राप्ति के लिए एक अनकहे संदेश का इशारा भी है। अतः युगबोधवाले नए काव्य को भी नवगीत के कथ्यगत लगाव के कारण, यहाँ उल्लेख करना आवश्यक प्रतीत हुआ।

नई कविताओंवाले इस खण्ड में 'जहर का शहर' कविता बड़ी प्रभावशाली है। भोपाल की गैस-त्रासदी विश्व भर में अपनी क्रूर भयंकरता के लिए प्रसिद्ध हो गई। उसने एक इशारा ही छोड़ा कि नागाशाकी और हिरोशिमा तो बम-विस्फोट से नष्ट हुए पर यदि औद्योगीकरण का अन्धा सिलसिला चलता रहा तो हमारे जीवन को सुखमय बनाने के लिए चलनेवाले कल-कारखाने ही अणु-बम से अधिक खतरनाक भूमिका निभा सकते हैं। कवि कहता है–

जो गजलों का शहर था
जलों का शहर था
रातों रात मुर्दों का शहर हो गया।
ना कोई महायुद्ध हुआ
न ऐटम या हाइड्रोजन बम गिरा
न तो भूकम्प आया, न तूफान, न बाढ़
X X X
फिर भी गजलों का शहर
मर्सिया का शहर बन गया।[60]

आज की तथाकथित आधुनिक संस्कृति पर व्यंग्य करता हुआ वह कहता है–

आधुनिक संस्कृति का जो दैत्य

कीटनाशक दवाएँ बनाता है
वही विषैली गैसों के बम भी बनाता है
जहर सबको मारता है
उसे कीट और मानव में फर्क करना नहीं आता।

आज देश में पर्यावरण प्रदूषण बड़ी तेजी से फैल रहा है जिस पर बड़ी हाय-तौबा मची है। उसके उपाय भी ढूँढ़े जा रहे हैं। उसका असली कारण हमारा सांस्कृतिक प्रदूषण है जिसकी ओर कम ध्यान दिया जा रहा है। सांस्कृतिक प्रदूषण हमारी अन्तरात्मा को प्रदूषित कर रहा है। आज के मानव की जो विडम्बना है, वह इसी अपसंस्कृति का परिणाम है, जो भोगवादी है, आत्म केन्द्रित है, यान्त्रिक है और जिसने जीवन के मूल्य को गौण कर दिया है। फलतः कला और संस्कृति के मूल्य भी इस अपसंस्कृति में कम हो गए हैं। कला का तात्पर्य उसके यहाँ मनोरंजन और संस्कृति का मतलब खान-पान, परिधान और नाच-गान मात्र रह गया है। इस चिन्ता को भी कवि भोपालत्रासदी के बहाने बड़े ही ढंग से व्यक्त करता है। वह कहता है–

दरअसल अमरीकी शैली की संस्कृति में
कला और जहर में अन्तर नहीं माना जाता
तभी तो भारत भवन और कारबोराइट
कारखाना, एक ही ताल के दो छोर पर बनाए गए।
फर्क इतना ही था कि भारत भवन को
पहाड़ी की घनी आबादी से दूर रखा गया
और कारखाने को घनी आबादी के बीचोबीच।[61]

आज की इस नई संस्कृति पर कवि व्यंग्य करता है कि यह भी एक जहर का कारखाना कला और साहित्य-संस्कृति के उन केन्द्रों के रूप में चला रही है जो इस अपसंस्कृति का जहर बो रहे हैं–

जिसे आधुनिकतावादी संस्कृति कहा जाता है
इस संस्कृति के प्राणघाती कारखाने
पूरे देश में खुल गए हैं।
X X X
और आम आदमी आधुनिकता के नाम पर
मौत के पंजों में पिसने के लिए
अभिशप्त है।[62]

निष्कर्षतः हम कह सकते हैं कि शंभुनाथ सिंह के उत्कर्षकालीन नवगीत के

तीन संग्रह 'जहाँ दर्द नीला है' 'वक्त की मीनार पर' और 'माताभूमिः' उनके गीतकार व्यक्तित्व के चरमोत्कर्ष हैं। इनमें आधुनिक बोध-ग्राम व नगरबोध, भारतीयता की अस्मिता और पहचान, नई भाषा, प्रतीक, बिम्ब तथा लोकजीवन, ग्रामजीवन और आंचलिक परिवेश के प्रति गहरी आस्था व्यक्त हुई है। शंभुनाथ सिंह के कथ्य का फलक भी अत्यन्त विस्तृत है और उनके प्रतीकों-बिम्बों के स्रोत भी बड़े व्यापक हैं। उन्होंने न केवल अपने संगठन और आन्दोलन द्वारा नवगीत को आधुनिक युग की एक महत्त्वपूर्ण विधा के रूप में प्रतिष्ठित किया, अपितु अपने रचनाधर्म के द्वारा भी एक आदर्श प्रस्तुत किया और नई पीढ़ी के गीतकारों के लिए दिशा-दर्शन किया। वे नवगीत के ऐसे शिल्पी हैं जिन्होंने उसे युगधारा के साथ जोड़ दिया।

सन्दर्भ

1. जहाँ दर्द नीला है (अकथ्य) पृ. 1/2. जहाँ दर्द नीला है (अकथ्य) पृ. 1/3. वही पृ. 2/4. जहाँ दर्द नीला है (अकथ्य) पृ. 2/5. जहाँ दर्द नीला है (अधूरेपन का गीत) पृ. 82/6. वही पृ. 83/7. जहाँ दर्द नीला है (पाहुन दो दिनका) पृ. 81/8. जहाँ दर्द नीला है, पृ. 79/9. जहाँ दर्द नीला है, पृ. 53/10. नवगीत–उद्भव और विकास पृ. 110/11. नवगीत–उद्भव और विकास पृ. 111/12. जहाँ दर्द नीला है, पृ. 1/13. वही पृ. 7/14. वहीं पृ. 25/15.जहाँ दर्द नीला है, पृ. 38/16. वही, पृ. 28/17. वही, पृ. 1/18. वहीं, पृ. 23/19. जहाँ दर्द नीला है, पृ. 7/20. वही, पृ. 9/21. वही पृ. 10/22. वही पृ. 11/23.जहाँ दर्द नीला है, पृ. 3/24. वही, पृ. 17/25. जहाँ दर्द नीला है, पृ. 56/26. वही, पृ. 58/27. वही, पृ. 59/28. जहाँ दर्द नीला है, पृ. 14/29. वही, पृ. 55/30. जहाँ दर्द नीला है, पृ. 54/31. वही, पृ. 6/32. जहाँ दर्द नीला है, पृ. 36/33. वक्त की मीनार पर (पूर्वकथ्य) पृ. 1-2/34. नवगीत–सन्दर्भ और सार्थकता, पृ. 106/35. वक्त की मीनार पर, पृ. 33/36. वही, पृ. 15/37. नवगीत प्रतिमान तथा आयाम, पृ. 51-52/38. वक्त की मीनार पर, पृ. 43/39. हिन्दी सन्दर्भ और सार्थकता, पृ. 107/40. वही, पृ. 109/41. वक्त की मीनार, पृ. 9/42. माताभूमिः (प्राक्कथन) पृ. 6/43. वही, पृ. 7/44. माताभूमिः (प्राक्कथन) पृ. 8/45. वही, पृ. 7/46. माताभूमिः (प्राक्कथन) पृ. 2/47. माताभूमिः, पृ. 21/48. वही, पृ. 20/49. वही, पृ. 23/50. माताभूमिः, पृ. 25/51. वही, पृ. 26/52. वही पृ. 32/53. माताभूमिः, पृ. 33/54. वही, पृ. 35/55. माताभूमि, पृ. 37-39/56. माताभूमिः, पृ. 42/57. वही, पृ. 40/58. माताभूमिः, पृ. 80/59. वही, पृ. 83-84/60. माताभूमि, पृ. 99/61. माताभूमिः, पृ. 101/62. माताभूमिः पृ. 102

परिशिष्ट

सन्दर्भ ग्रन्थ-सूची

1.	नवगीत दशक	भाग 1	शंभुनाथ सिंह
2.	नवगीत दशक	भाग 2	शंभुनाथ सिंह
3.	नवगीत दशक	भाग 3	शंभुनाथ सिंह
4.	नवगीत अर्द्धशती	—	शंभुनाथ सिंह
5.	रूपरश्मि	(संग्रह)	शंभुनाथ सिंह
6.	छायालोक	(संग्रह)	शंभुनाथ सिंह
7.	उदयाचल	(संग्रह)	शंभुनाथ सिंह
8.	मन्वन्तर	(संग्रह)	शंभुनाथ सिंह
9.	दिवालोक	(संग्रह)	शंभुनाथ सिंह
10.	माध्यम मैं	(संग्रह)	शंभुनाथ सिंह
11.	खंडित सेतु	(संग्रह)	शंभुनाथ सिंह
12.	जहाँ दर्द नीला है	(संग्रह)	शंभुनाथ सिंह
13.	वक्त की मीनार पर	(संग्रह)	शंभुनाथ सिंह
14.	माताभूमिः पुत्रो हँ पृथिव्याः	(संग्रह)	शंभुनाथ सिंह
15.	रागय की शिला पर	(संकलन)	शंभुनाथ सिंह
16.	वंशी और मादल	(संग्रह)	ठाकुर प्रसाद सिंह
17.	धूल भरे पाँव	(संग्रह)	गुलाब सिंह
18.	गीतान्तर	(संकलन)	उमाशंकर तिवारी
19.	गीतायन	(संकलन)	विश्वनाथ प्रसाद
20.	नवगीत के प्रतिमान तथा आयाम	(आलोचना)	शिवनारायण सिंह एवं उमाशंकर तिवारी
21.	समकालीन हिन्दी कविता का परिदृश्य और नवगीत	(आलोचना)	शंभुनाथ सिंह

22. प्रयोगवाद और नई कविता	(आलोचना)	शंभुनाथ सिंह
23. हिन्दी नवगीतः उद्भव और विकास	(आलोचना)	राजेन्द्र गौतम
24. हिन्दी नवगीत सन्दर्भ और सार्थकता	(आलोचना)	वेद प्रकाश अमिताभ
25. आधुनिक परिवेश और नवलेखन	(आलोचना)	शिव प्रसाद सिंह
26. फिलहाल	(आलोचना)	अशोक बाजपेयी
27. आधुनिकता के पहलू	(आलोचना)	विपिन कुमार अग्रवाल
28. नई कविता के प्रतिमान	(आलोचना)	लक्ष्मीकान्त वर्मा
29. डॉ. शंभुनाथ सिंह–व्यक्ति और स्रष्टा	(आलोचना)	करुणापति त्रिपाठी
30. समय की शिला (स्मारिका)	(आलोचना)	विजयशंकर मल्ल
31. धर्म-युग	1965-67	
32. कल्पना	1962	
33. इनसाइक्लोपीडिया आफ सोसल साइंसेज	–	हारेस एम. कालेन
34. थर्ड न्यू इण्टरनेशनल डिक्शनरी	–	वेबेस्टर
35. दि मार्डन राइटर ऐण्ड हिज वर्ल्ड	–	जी.एस. फ्रेजर

❑❑❑